LE DROIT DES GENS

LA FRANCE

ET

LES YANKEES.

LE DROIT DES GENS

LA FRANCE

ET

LES YANKEES.

Par Adolphe BIARNÈS.

> Tantôt ce sont les hommes qui manquent aux institutions,
> tantôt ce sont les institutions qui manquent aux hommes.
>
> M. LE DUC DE PERSIGNY.
>
> (Compte-Rendu analytique de la séance du 14 février 1866).

NANTES,

IMPRIMERIE V. DE COURMACEUL, RUE SANTEUIL, 8.

1866.

LE DROIT DES GENS
LA FRANCE
ET
LES YANKEES.

> Tantôt ce sont les hommes qui manquent aux institutions,
> tantôt ce sont les institutions qui manquent aux hommes.
>
> M. LE DUC DE PERSIGNY.
>
> (Compte-Rendu analytique de la séance du 14 février 1866).

I.

LA FRANCE ET LE MEXIQUE.

Lorsque le gouvernement français résolut, après avoir épuisé la voie des négociations, d'appuyer, par une démonstration effective, des réclamations que ne pouvaient guères, grâce à l'anarchie en permanence, écouter les gouvernements provisoires du Mexique, il se trouva deux nations pour joindre aux siennes, leurs réclamations et leurs armes, pour combiner une action commune dans le but commun d'obtenir des réglements de compte particuliers.

Les troupes d'Angleterre, d'Espagne et de France débarquèrent simultanément à la Vera-Cruz.

Remarquons tout d'abord un fait, important en ce qu'il témoigne de la bonne foi du gouvernement de l'Empereur, important en ce qu'il doit prouver au monde entier quelle est la tactique des *politicians* Yankees.

Les Etats-Unis, ayant également des griefs à faire valoir, furent invités à se joindre à nous : ils s'y refusèrent.

A quoi faut-il attribuer ce refus ?

Est-ce aux premiers symptômes de désunion entre le Nord et le Sud ? Non, car l'envoi d'un ou deux régiments n'eût pu affaiblir, d'une manière notable, l'action intérieure du pouvoir exécutif ; la distraction d'une force aussi minime ne pouvait offrir aucun inconvénient, surtout alors que les Etats du Nord se figuraient compléter, en deux bonds, la conquête du Sud.

Est-ce là ce que l'on est convenu de nommer la doctrine de Monroe ? C'est probable. En liant leurs intérêts aux intérêts de quelques nations européennes, en agissant de concert avec elles contre une nation du Nouveau-Monde, M. Lincoln et ses collègues eussent, aux yeux de leurs concitoyens, transgressé la déclaration de l'un de leurs présidents, déclaration élevée à la hauteur d'un principe, d'après laquelle les Yankees, étant les plus forts dans le Nouveau-Monde, ne peuvent souffrir que les autres nations y interviennent : comme si le Nouveau-Monde pouvait s'isoler de l'ancien ; comme si les abus de la force n'étaient pas à réprimer aussi bien de la part d'une république que de tout autre gouvernement; comme si, vu la rapidité des communications, l'équilibre politique, pour lequel nous avons bataillé et nous batailllerons encore, n'était pas aussi nécessaire sur ce côté du globe que de notre côté; comme si la solidarité entre nationalités n'existait pas aussi bien en deçà qu'au-delà de l'Atlantique.

Pourquoi parler aux Yankees de cette grande loi, qui est comme une révélation moderne pour la conscience du genre humain ? Ils ne la connaissent pas, ou, s'ils la pressentent, ils la nient. Tant pis pour eux; l'injustice de leurs actes n'en est pas moins grande. Tant mieux pour les peuples qui professent cette religion philosophique : ils y puisent, en tant que forts, s'il faut agir, en tant que faibles, s'ils ont besoin de secours, une puissance irrésistible, celle du droit et de l'opinion.

Si donc les Etats-Unis refusèrent de se joindre à nous, ils promirent cependant de rester neutres. Nous commençons à savoir aujourd'hui ce que vaut cette promesse : pur attermoiement à cause de complications intérieures; mensonge machiavélique que l'on s'étonne de rencontrer chez une nation si démocratique, si démonstrative, si brusque dans ses allures; réserve jésuitique à l'aide de laquelle ils dissimulaient leur envie de voler encore, en un moment opportun, quelques lambeaux d'une terre voisine de la leur. Voler, va-t-on se récrier ! Certainement, on l'a bien écrit d'un roi qui respectait un moulin à blé, on peut bien le dire de ceux qui n'ont guères respecté les moulins à sucre et à coton.

Nonobstant l'absence du drapeau américain, l'expédition eût donc lieu.

Comment se fit-il qu'au bout de quelques semaines le contingent français soit resté seul sur ce rivage lointain, — seul devant des ennemis assez nombreux, sinon pour le vaincre, du moins pour paralyser son action ?

La France était abandonnée, parce qu'elle aurait, dit-on, refusé des propositions qui semblaient acceptables à ses alliés ou co-associés. Ceci n'est qu'un spécieux motif : il y a bien autre chose.

On avait dit qu'à leur débarquement, les Français seraient accueillis avec enthousiasme et acclamés comme des libérateurs.

S'il n'en fût point tout-à-fait ainsi, c'est que l'Espagne, dont le Mexique a secoué le joug de fer, c'est que l'Espagne, qui n'a renoncé qu'en apparence à ses anciens droits, excitait autour de nous une méfiance dont nous étions les victimes. Elle devenait une alliée aussi incommode que compromettante; la haine avérée qu'on portait aux tours de Castille, nuisait à la popularité qui s'attache aux trois couleurs; à la longue, il en fut résulté une jalousie incessante, qui eut causé des tiraillements, et une méfiance qui eût empêché d'arriver à une conciliation finale. N'allait-on pas jusqu'à voir déjà un vice-roi dans tel général espagnol? Donc, n'eût-elle, en se retirant, obéi qu'à la conscience de sa positon tout-à-fait fausse, et à la pression d'une opinion hautement manifestée, elle eut eu, à notre point de vue, mille fois raison; mais elle cédait à des préoccupations bien plus sérieuses. L'abolition de l'esclavage dans les Etats du Sud, lui commandait de veiller plus que jamais sur l'île de Cuba. Elle nous quittait pour courir où se manifestait le danger le plus pressant. Que lui importait l'intérêt de quelques nationaux spoliés, comparativement au danger qui menaçait sa vache à lait !

Quant à l'Angleterre, en présence de la guerre civile entre les différents Etats de l'Union, elle désirait conserver toute sa liberté d'allures. Un peuple en révolution est plus près de conquérir que d'être conquis : de cet aphorisme généralement admis, l'Angleterre concluait qu'elle devait se méfier du silence des Américains ; elle avait à surveiller de nombreux intérêts qui se rattachent au Nouveau-Monde. Du côté du Canada, elle fit aux populations de larges concessions, concessions qui, soit dit en passant, les rendront plus indépendantes et plus heureuses que l'annexion à l'insatiable turbulence de leurs voisins. Du côté des Antilles, où les noirs libérés sont en grande majorité, elle avait à se prémunir contre les émissaires des Etats-Unis, et contre l'étincelle électrique de la sympathie des races. Elle n'avait pas tort ; témoin ce qui s'est passé à la Jamaïque ; témoin les massacres qui s'en sont suivis. Quel que soit le jour qu'une enquête vienne répandre sur ces carnages, on ne pourra s'empêcher de reconnaître qu'ils ont été causés ou par le mal de la peur ou par la peur d'un plus grand mal.

En vue de plus grands intérêts à sauvegarder, l'Espagne et l'Angleterre s'étaient donc empressées d'en abandonner de minimes. Abandonner, n'est pas le mot, puisqu'elles n'y renonçaient pas ; seulement, par suite d'une cordiale entente, elles nous laissaient le soin de joindre les réclamations de leurs nationaux à celles des nôtres.

La France restée seule, demeurait, par cela même, plus

libre dans son action. Sans vouloir se préoccuper de la bonne ou de la mauvaise foi des Etats-Unis, elle se prépara à marcher en avant pour soutenir son droit et celui des autres.

II.

LE MEXIQUE ET LA FRANCE.

Il est impossible de s'expliquer ses agissements, si l'on ne se rend compte de ce qu'est le Mexique. Comme tous les pays espagnols qui ont secoué le joug de la métropole, il est dans un état de crise perpétuelle, crise dont, afin d'éviter toute parole acerbe et toute récrimination inutile, nous ne voulons point rechercher trop profondément les causes. Les malheurs de ce pays suffisent pour prouver combien le mal est invétéré. Si, en lisant l'Evangile, on s'y félicite d'être chrétien, on s'y désole de l'être devenu par l'entremise du catholicisme romain et de l'inquisition. C'est triste à dire, mais c'est vrai. Les envahisseurs espagnols, imbus des croyances les plus terribles, s'étaient emparés du corps et de l'âme des populations indiennes : leur fanatisme remit l'un et l'autre aux mains des missionnaires. S'ils lui obéissaient, eux les conquérants, l'Indien, leur vaincu, devait être l'esclave du R. P. Bientôt l'immoralité ne tarda pas à se produire chez celui dont la force n'avait de contrepoids ni sur terre ni dans le ciel, et chez celui qui, n'ayant plus ni conscience ni liberté, n'était plus que l'apparence d'un homme. D'une part, exaction, débauche et violence; de l'autre, astuce souvent, révolte toujours, et vengeances particulières à perpétuité. Depuis le jour de l'indépendance mexicaine jusqu'à ce moment, nous assistons à la réaction continuelle de celui qui n'est rien contre ceux qui étaient tout. Dans le sein de la société qu'il a formée, le clergé catholique récolte ce qu'il a planté.

Ce malheureux pays se trouve actuellement divisé entre deux partis égaux en violence et à peu près en force. Les progressistes, républicains de cœur plutôt que par la forme, sont devenus libres penseurs par la vue des abus religieux ; ils ne veulent point reculer devant les mesures ultra-révolutionnaires, se disant, dans leur pensée, qu'après avoir subi la terreur de la part de leurs adversaires, ils ont bien le droit d'en faire une dont l'excès empêchera le retour d'aucune nouvelle contre eux. Les cléricaux sont au Mexique ce qu'ils sont partout, prêchant la guerre sainte dans le confessionnal quand ils ne le peuvent sur les places publiques, serviles dans la défaite, terribles dans la victoire, ne considérant, dans leur intérieur, le bon peuple des fidèles que comme des êtres ayant besoin de deux freins : le travail et la religion, l'enfer en ce monde, et peut-être le paradis dans un autre.

Lorsqu'eut lieu notre expédition, les progressistes, après

de nombreuses alternatives de défaites et de succès, étaient restés les maîtres de Mexico. A leur chef, au président Juarez, homme d'une certaine intelligence et d'une volonté forte, incombait la tâche de réussir là, où avait succombé la modération de Commonfort. En vue de régénérer son pays, il était prêt à ne reculer devant aucun moyen. Ce fut à lui que vinrent aboutir les négociations que la France avait, à grand 'peine, suivies auprès de tant de gouvernements temporaires; ce fut sur lui, sur ses amis, sur son gouvernement naissant, que retomba la responsabilité de dettes contractées et de vexations commises par ses propres adversaires. La position était aussi étrange que pénible.

Le président Juarez discuta d'abord et finit par faire des offres : elles furent péremptoirement refusées par le gouvernement français. Elles n'avaient au fond d'autre but que celui de nous éloigner sans nous payer ; on faisait des concessions à notre susceptibilité ; on nous concédait jusqu'à parfait paiement le revenu de la douane de la Vera-Cruz, et nous nous en allions les mains vides, avec l'agréable perspective d'avoir à entretenir, dans la ville la plus malsaine du monde, pour la garde de notre perception et de nos deniers, une garnison destinée à la mort, et, sur une rade ouverte, une station coûteuse en hommes et en vivres.

En supposant que les offres de Juarez fussent autres et par suite acceptables, en supposant même la bonne foi de la part du gouvernement mexicain, était-il, en définitif, prudent de croire à la solvabilité d'un pays ruiné par de longues guerres civiles, à l'activité d'un commerce qui eut payé des droits suffisamment nombreux et élevés, et de plus à la solidité d'une convention s'appuyant elle-même sur la fragilité d'un gouvernement mal-assis ? On ne peut croire au crédit d'un homme et à la valeur de ses engagements qu'après avoir tenu compte du milieu où il vit. Le gouvernement de Juarez était plutôt nominal qu'effectif : sa mort ou la défaite de ses gens, nous eut mis en présence de complications nouvelles. En somme, si les propositions du président Juarez furent refusées, c'est non-seulement parce qu'elles ne parurent point admissibles, mais c'est aussi parce que le terrain paraissait peu sûr sous ses pieds. Il disposait pour des années, comme s'il ne devait pas avoir conscience qu'un souffle pouvait le renverser lui et ses adhérents.

Dans l'intérêt de la cause ultra-révolutionnaire, il s'agissait de satisfaire au plus vite et de n'importe qu'elle façon des créanciers puissants, autour desquels venaient en toute hâte se grouper les cléricaux ressuscités à tout prix. Il fallait payer instantanément ceux dont la présence devenait un appui, un motif à une nouvelle insurrection. Le président Juarez prit alors une résolution, blâmable suivant les uns, fort avouable suivant les autres, mais pour sûr dangereuse et désespérée aux yeux du plus grand nombre : « Périsse ma patrie, plutôt que mes principes, s'était-il dit *in petto ;* » et, tout aussitôt, il ouvrait à New-York un emprunt dont, pour les contractants, la Sonora et ses mines fussent devenues les garanties. Présomption, folie ou trahison — quel nom donner à la conduite de celui qui ose s'engager ainsi, avec des voisins rapaces, dont il a déjà vu les armées fouler et lacérer le sol de son pays. Il savait pourtant que, s'il y a de par le monde des nations généreuses, il y en a qui ne le sont guère, quoique républicaines. Lorsque tant d'événements peuvent se jeter à la traverse des plans les plus beaux, les plus sages, les mieux mûris — ce qui n'était pas entièrement le cas au Mexique, — il y a crime de haute trahison à risquer la moindre parcelle de sa patrie, sur une simple date, sur une échéance fixe. L'huissier américain se fait conquérant, et, comme frais de déplacement, ne se gêne pas pour saisir plus que le gage. Comme on peut se l'imaginer, l'emprunt de Juarez avait, à New-York, trouvé de nombreux souscripteurs.

La France protesta contre cet emprunt : on lui en eût offert immédiatement le montant qu'elle l'eût refusé. Les Mexicains groupés autour de son drapeau — et la démarche de Juarez en avait attiré plus d'un de son parti — suppliaient nos généraux de ne pas laisser compromettre et diminuer leur patrie. Et puis, il n'était pas digne de la France de céder, par intérêt, à l'aveuglement d'un homme, de laisser hypothéquer, à cause d'elle, une terre dont la race nous est sympathique, et de livrer, après son départ, l'une des familles latines à la même absorption matérielle, au même écrasement moral qu'ont subi malheureusement dans le Missouri, dans l'Arkansas, les créoles français, dans l'Alabama, dans la Floride, dans le Texas, dans la Nevada, dans la Californie, les créoles espagnols. — Ce que j'avance, je l'ai vu de près.

On a dit qu'il y avait moins d'inconvénient politique à commettre un crime qu'une faute. Juarez avait commis une faute telle qu'elle prit les proportions d'une tentative criminelle : beaucoup de ses adhérents ne se contentèrent pas de protester, ils se hâtèrent de l'abandonner. De patriote sincère qu'il paraissait être, de réformateur utile qu'il eût pu devenir, il n'était plus, aux yeux de la grande majorité, qu'un homme dangereux, pour ne pas dire un traître, qu'un ambitieux égoïste, hypothéquant son pays pour la plus grande gloire de sa chétive personnalité, et pour la réalisation chimérique de sa panacée révolutionnaire.

Qu'eût-on dit de la France, si, au lieu de refuser l'argent venant d'une source suspecte, par l'entremise d'une main coupable, elle eut tendu la sienne pour le recevoir. Elle serait revenue les poches pleines, c'est sûr ; mais elle se serait appauvrie dans l'estime de chacun, c'est aussi évident. Elle eut perdu de son influence en perdant de sa dignité. Elle ne se fut point concilié l'amitié, l'admiration et la reconnaissance de tant de Mexicains qui, après s'être déclarés ses ennemis à outrance, imploraient son providentiel appui. Si jusqu'à ce jour notre pays, au lieu d'obtenir du Mexique des remboursements exigibles, ne lui a fait que des avances nouvelles, nous pouvons, grâce à l'Empereur, affirmer devant le monde entier que le refus de l'or américain sera porté en bénéfice, au compte de notre honneur. Agir autrement n'eut pas été digne de ceux qui se disent les fils des vieux Gaulois.

Nous venons de prouver, à tous ceux qui jalousent la France, combien, d'après nos idées de probité et de justice, l'idée de patrie, idée d'une éternelle vérité l'emporte sur le recouvrement d'une indemnité, pure affaire d'argent ; combien nous la mettons au-dessus des formes gouvernementales, — république, empire et royauté — que tant de gens appellent des principes et qui ne sont que des moyens ; combien la forme administrative, fille du hasard, de la routine ou de la sottise humaine, est tombée, suivant nous, au-dessous de la question vitale des nationalités. La patrie, aux yeux du vrai penseur, est une individualité collective, dont la personnalité est destinée à progresser sans cesse pour elle-même, sinon d'elle-même, à travers mille conjectures qu'on ne peut prévoir, mais non, à peine de mort violente, par l'astuce, la violence et la rapacité de quelque voisin. Plus un peuple est faible par le nombre ou faible par sa situation critique, plus son droit nous impose de respect pour son malheur et nous commande de ménagements pour son existence. Il en est de lui, au milieu des autres peuples, comme du pauvre ou de l'infirme, au sein de la société : des secours lui sont dûs. Que dire de ceux qui offriraient un morceau de pain à un misérable, avec l'arrière-pensée que, le lendemain, cette bouchée serait pour lui un poison mortel ? L'histoire dira plus tard sur qui doit peser le soupçon d'avoir voulu empoisonner une nation, si c'est sur la France généreuse et sur l'empereur Maximilien, ou si c'est sur Juarez exaspéré et sur les Yankees, ses complices à froid. Dès à présent, il demeure acquis que l'ombre du drapeau tricolore est comme l'asyle où tout peuple, en danger de mort, peut soigner les blessures de son passé et reprendre haleine et se préparer à marcher encore en plein soleil.

Une fois l'or des Américains refusé, l'Empire s'est fait de lui-même.

Le parti clérical, aussitôt que les Français eurent commencé leur mouvement en avant, crut que le moment de prendre une sanglante revanche était enfin arrivé; il se jeta tout entier dans les bras de ceux qu'il appelait des libérateurs ; il fit le signe de ralliement à tous ses chefs cachés, exilés ou oubliés. C'était le délire de l'espérance, la rage de la vengeance, la joie d'un triomphe assuré : empressement dans le combat, flatterie dans les conseils, faux renseignements sur le pays, intrigues autour de nos principaux chefs, intention par trop évidente de confisquer à son profit la maîtresse position que notre victoire allait inévitablement leur livrer. Qui sait même, si, plus satisfait de nos égards pour son obséquiosité et ses tendances, ce parti prétendu spolié n'eût pas trouvé, dans la fonte de quelques riches statues, soi-disant volées, mais cachées dans les trésors enfouis par le clergé, et dans les gorges des montagnes recéleuses, assez de ressources pour payer la cause de notre voyage et nos frais de retour, à condition, bien entendu, que la France le consoliderait tant à Mexico qu'ailleurs, et qu'elle irait jusqu'à se faire la complice de ses représailles sanglantes. Certes, le parti clérical était parfaitement prêt à aller jusque-là, bien décidé, qu'il était, à se rembourser largement de ce qu'il eut pu nous verser. — A mes yeux, l'or clérical n'eut pas mieux valu que l'or américain.

Il n'est jamais entré dans les habitudes d'une puissance de repousser ceux qui lui offrent leur concours, pas plus que, depuis 89, il n'est dans nos traditions de nous faire le séïde de ces partis du passé, condamnés par l'esprit des temps modernes. Sauf à étudier le parti clérical jour par jour, sauf à en apprécier la moralité par les actes, la puissance par les renseignements quotidiens, en un mot, sauf à compter avec lui, après l'avoir jugé pour ce qu'il valait, il fut convenu qu'on laisserait le soin de caracoler sur nos aîles, d'éclairer nos grand'gardes, de harceler les fuyards, à tous les croisés mexicains ralliés autour du général Miramon. Ces éclaireurs anti-progressistes prenaient, du reste, bravement part au combat, patiemment part à la fatigue, faisant tous leurs efforts pour mériter notre confiance et s'élever jusqu'au rôle de débiteurs solvables Combien il leur était doux, après tant de défaites, de marcher sûrement à la victoire. Et c'est ainsi que le parti clérical nous suivit, nous aida et nous courtisa pendant notre course à travers le pays, de campement en campement, de combat en combat, de villes livrées en villes prises, toujours obséquieux, souvent utile, jamais indispensable.

Tout en marchant, nous réfléchissions sur la position qui nous était faite. Nous réclamions quelques sacs de piastres, et nous allions nous trouver les détenteurs d'un pays trois fois plus grand que la France, les maîtres de plusieurs millions d'hommes. Notre but était dépassé sans être atteint. Après nous être présentés en porteurs de contrainte, ayant bayonnettes et fusils, nous nous trouvions forcés de jouer le rôle d'un Fernand Cortez ou celui d'un tuteur. Le Mexique, sans le sou, nous restait sur les bras, comme un champ à défrîcher, comme un peuple à organiser du haut en bas. Napoléon III n'était heureusement pas homme à reculer devant une telle responsabilité. Du reste, il nous est plus facile d'organiser chez autrui, que de coloniser chez nous : notre défaut, en fait de colonisation, est d'avoir des scrupules que d'autres n'ont pas. — Si défaut, il y a.

Tout bien considéré, la tâche était plus difficile en apparence qu'en réalité. A force de parcourir le pays, on avait fini par le connaître, et par découvrir, dans le sein même de la population, des éléments d'ordre social et de reconstruction politique.

Au sein d'une nation qu'a longtemps déchirée, ruinée et ensanglantée la guerre civile, il finit par se former, en dehors des chefs de parti, en dehors de leurs meneurs subalternes et comme à leur insçu, des groupes de gens qui demandent la paix sous un gouvernement solidement établi, sagement constitué, libéral avec prudence, fort avec circonspection. Qu'une occasion se présente, et ces groupes réunis se forment en un corps puissant qui s'en empare.

Ce parti a d'autant plus sa raison d'être que, parmi ceux qui sont le moins exaltés et qui ont le moins d'intérêt à l'être, il se fait sentir comme le besoin de faire halte ; il y a, en eux, tout à la fois, de la lassitude, du dégoût, du découragement. A la passion, a succédé la réflexion. C'est le moment des concessions mutuelles, sauf à ce que, plus tard, les plaies une fois guéries, les richesses une fois revenues, de nouveaux horizons étant entrevus par des générations neuves, on en vienne de plus belle à de nouvelles luttes plus ou moins parlementaires. Chez bon nombre de gens religieux, ainsi que chez bon nombre de progressistes, le fanatisme en était à ce point où l'haleine manque pour le carnage. Parmi les hommes qui croient, on avait fini par reconnaître combien les progressistes avaient raison d'accuser le clergé d'avarice, de simonie et d'immoralité ; mais aussi de leur part, les libéraux reconnaissaient la justesse des insinuations du parti opposé, concernant certains chefs progressistes, joueurs décavés, préférant à la vie honnête et laborieuse, la vie sur les grandes routes, au travail des champs, le pillage des haciendos, au travail des mines, le pillage des conduites. D'un côté, comme de l'autre, on s'accordait pour respecter le prêtre, pourvu qu'il se montrât respectable, et l'église, sanctuaire de la foi, pourvu qu'elle ne fût pas le repaire perpétuel de l'intrigue espagnole et papale, mais bien le foyer de la charité évangélique et le refuge de la simplicité apostolique. A ces gens que l'esprit d'analyse avait rendus modérés, se joignaient les indifférents fatigués d'être les victimes de tous les partis : gens riches, qui ne pouvaient jouir de leurs fortunes, négociants paisibles, qui ne pouvaient entreprendre ou achever la leur. De cette aspiration commune qui entraînait la nation vers un gouvernement réparateur, est né le grand parti national, parti dont la prépondérance devint manifeste et écrasante, aussitôt que la démarche de Juarez, auprès des Américains, eut été connue ; aussitôt aussi que notre refus eut éclairé chacun sur la portée de nos intentions.

Quel serait le chef de ce parti ?

Quel choix providentiel donnerait à ce peuple l'homme à la haute intelligence, au cœur dévoué, au jugement sain, au coup-d'œil ferme, l'homme capable de le régénérer et de créer un empire progressiste sans désordre, conciliant sans faiblesse, occasionnellement fort sans éterniser les mesures qu'entraînent les premiers moments de création dans les sociétés humaines comme dans le monde physique ?

Serait-ce un prince français ? Quoique plusieurs de nos concitoyens aient pu y songer, cette mesure eût été par trop impolitique. Nous eussions abandonné ce qu'il y avait de généreux dans cette mission; nous eussions passé pour des conquérants ayant la faiblesse de déguiser nos actes.

Serait-ce plutôt un prince étranger? Oui. Ce fut alors qu'un homme, ayant dans ses veines du sang de Charles-Quint, et, par suite, une sorte de parenté éloignée avec la race hispano-mexicaine, fut proposé comme empereur à l'acceptation du peuple : l'assemblée des notables, composée de tous les citoyens les plus intelligents, de tous ceux qui comprenaient le mieux la situation, et dont nous avons plus haut exprimé l'intime pensée, s'empressa de l'acclamer. Certes, jamais prononciamento progressiste ou clérical n'avait, dans le passé, obtenu le suffrage de tant d'hommes éclairés sur les besoins du pays et sur sa situation morale. Alors, l'archiduc Maximilien méritait à tous égards cette haute preuve d'une confiance sans borne; lui, qui, alors qu'au nom de l'empereur d'Autriche, son frère, il était gouverneur de la Lombardie et de la Vénétie, avait su s'attirer le respect et l'estime des Italiens, ses ennemis naturels. Avant de s'offrir pour porter une couronne, sa conduite comme prince avait été tout un manifeste. L'éclat de ce choix ne devait-il pas aussi causer quelque satisfaction à la cour de Vienne, et calmer, autant que possible, les souvenirs pénibles de la campagne d'Italie? Après s'être opposée à la régénération de l'Italie et à la reconstitution de sa nationalité, elle se trouvait, par l'intermédiaire de l'un de ses princes, coopérer à une besogne du même genre : quelle admirable conjoncture, si elle a été préparée! Quel utile enseignement, s'il vient de plus haut, de cette force que nous appelons le hasard!

Dès qu'il eut pris possession du pouvoir, Sa Majesté

l'empereur Maximilien tint à prouver quel serait l'esprit de son règne. Aux prétentions cléricales, il répond par ses décrets sur les biens du clergé, par ses mesures relatives à l'instruction et par sa fermeté à l'égard d'un légat; aux dilapidations des ressources de l'Etat et aux exactions des employés de tout rang, par l'établissement d'une comptabilité rigoureuse et la destitution des voleurs; aux conseils du parti clérical, par la froideur et le dédain; aux prétentions des généraux ou colonels de la susdite faction, par un silence significatif; à leurs menées, par une disgrâce définitive; à leurs réclamations, par l'internement ou l'éloignement; à leurs tentatives d'agitation, par l'exil de Santa-Anna. En revanche, quand il reconnaît autour de lui des hommes sérieux, des hommes qui applaudissent à toutes les tentatives d'un bien possible, il s'empresse de leur tendre cordialement la main. D'après les paroles que Son Excellence le maréchal Forey a prononcées dans le Sénat, nous citerons le colonel Mendoza, celui qui défendit Puebla contre nous

Ses décrets relatifs à l'émigration, à la formation des associations en général, à l'installation de nouveaux cultes, sont dictés par la prudence: leur ensemble est la plus haute expression de la circonspection. Outre qu'il sait par lui-même ce qu'il peut attendre officiellement du côté des Etats-Unis et de leur gouvernement, l'empereur Maximilien a dû être averti comment les Yankees procèdent pacifiquement à l'invasion d'un pays, comment ils se l'assimilent à la sourdine, comment ils lancent des pionniers aussi bien dans les Savanes de l'Indien que dans les villes du Mexique. Quinze ou vingt Américains, plus ou moins négociants, sont-ils dans une ville, ils s'efforceront d'attirer mais ils ne se mêleront jamais. Tout d'abord il leur faut un point de réunion, comme un *bar-room* sur la porte duquel flottera chaque jour le drapeau américain ; ce n'est point encore un défi : on ne veut que familiariser avec lui les regards. Sont-ils plus nombreux du double ou du triple, on songe à fonder des sociétés plus ou moins mystérieuses, des loges de Miamis, d'hommes rouges, de Druides, de Free-Masons, et surtout d'Odd-Fellows (traduisez : étranges compagnons). A mesure que les résidents se groupent en famille, ils bâtissent des écoles, non-seulement pour réunir leurs enfants mais pour enseigner leurs grandeurs à ceux du pays ; déjà sont arrivés les spéculateurs en religion qui ont des temples pour toutes les sectes : sectes juives, catholiques, luthériennes, calvinistes, épiscopaliennes, presbytériennes, méthodistes, anabaptistes, quakers, trembleurs, etc. etc. Un beau matin, au moindre différent avec les habitants du pays, toute la colonne américaine s'agite derrière son consul ; elle menace d'une intervention, et les patriotes s'aperçoivent, mais un peu tard, qu'ils ne sont plus maîtres chez eux.

Laissez-leur prendre un pied chez vous ;
Ils en auront bientôt pris quatre.

C'est afin qu'ils ne jouent point au Mexique le rôle de quadrupèdes, que l'empereur Maximilien a pris certaines précautions ; le système en sera plus tard complété par une bonne Landwher. En attendant, les plaintes des Américains justifient assez combien elles sont opportunes.

Quant à la mise hors la loi des insurgés, loi dont on lui

fait un crime, il est bon de s'en expliquer. Aussitôt que l'empereur Maximilien eut compris que le président Juarez ne pouvait plus mettre en ligne une véritable armée, que l'insurrection allait donner prétexte à la formation de bandes de pillards, que des guerilleros, recrutés parmi des aventuriers de tout pays, de tout parti et de toute condition, allaient imposer au Mexique la même existence dont il voulait le délivrer, il crut avec raison qu'il était de son honneur et de son devoir d'arrêter les coupables par la promulgation d'une loi énergique. Il publia donc le décret par lequel tout hommes pris les armes à la main serait, à partir de telle époque, passé par les armes. Nous trouvons dans nos annales des lois qui sont aussi dures, si elles ne le sont pas plus. Et si l'on me dit que ces lois furent, du moins votées par les nombreux représentants d'un peuple dans l'intérêt de ce même peuple, nous reprendrons que l'empereur Maximilien agit en qualité de délégué du peuple mexicain; que souvent le pouvoir dictatorial entre les mains d'un homme est aussi nécessaire que celui qu'avait usurpé le Comité du salut public; en un mot, que l'Empereur Maximilien se montre assez jaloux de l'indépendance mexicaine, assez dévoué à la prospérité de la nation et au progrès de la civilisation pour assumer hautement la responsabilité d'un pareil décret devant le monde de nos jours, et devant celui auquel s'adressera l'histoire. A plusieurs reprises, l'exécution stricte en a été remise, afin que personne ne pût en ignorer. Derrière ce décret, il reste encore le droit de grâce, celui dont, suivant l'appréciation du souverain et de son conseil, pourront jouir les Mexicains convaincus, mais non les misérables accourus de tout pays pour piller les villages et pour travailler sur les grandes routes. Le temps présent donne raison à l'Empereur, et les honnêtes gens aussi.

En présence de l'acclamation populaire et d'une volonté puissante mise au service d'une noble cause, la France a non-seulement reconnu l'Empereur Maximilien et son Empire, mais, habituée qu'elle est à vénérer les grandes individualités poursuivant de grandes tâches, au lieu d'augmenter les embarras de la situation en exigeant le remboursement de sommes dues, elle s'est empressée, par deux fois différentes, de faire de larges avances à ce pays devenu solvable par la seule présence de deux personnes remarquables, de deux époux ayant parité dans le génie et dans les vues. La garantie morale était, il est vrai, immense; la petite épargne et la spéculation ont prêté à un empereur étranger sous le patronage du nôtre.

Refaire dans le Nouveau-Monde une nationalité jeune d'année, mais vieillie par les malheurs, ardente, mais épuisée par les discordes; conserver un peuple parmi la famille des nations, donner à l'histoire un grand homme de plus, telle est pour notre gloire, la part qui, en dehors de toute considération pécuniaire, revient à la France et à son Empereur. D'un pays où nous nous étions présentés en créanciers inexorables, où l'on nous maudissait en secret, où l'on s'armait à notre approche, nous nous retirerons un jour acclamés cette fois comme de vrais libérateurs, bénis comme des sauveurs, et, pourquoi ne le dirions-nous pas, adorés comme des révélateurs. Est-ce notre faute à nous, si toute question à laquelle nous touchons, grandit au point de nous grandir par son dénoûment? Est-ce la faute de l'Empereur, si l'on rencontre la main d'un Napoléon dans tout ce que notre siècle a vu de grand ? Ainsi le veut le destin, suivant les uns, la Providence suivant les autres, le génie de la Gaule, suivant moi : *Gesta Dei per Gallos.*

Il est des gens auxquels notre grandeur morale porte ombrage, des gens qui ne peuvent pardonner à la majesté de notre destinée, à la pureté de notre initiative, à la sainteté de notre mission. Voici qu'à l'encontre de la France et de l'Empereur vient se jeter une protestation à laquelle nul personne sensée n'était loin de s'attendre, tant elle dénote de préméditation pour le mal, d'impudence pour le vol, d'audace pour le crime.

Les Etats-Unis de l'Amérique du Nord, nation réputée éminemment sympathique au progrès, éminemment démocratique, éminemment reconnaissante envers la France pour d'anciens services rendus dans un cas à peu près identique, les Etats-Unis prétendraient s'opposer, en vertu de raisons plus ou moins astucieuses, à ce qu'une nation voisine s'administre comme elle l'entend, confie sa destinée à qui bon lui semble, et se retrempe, si besoin est, sous un gouvernement non-républicain. Libres chez eux, ils n'admettraient pas que les autres disposassent d'eux-mêmes. Dans le cœur des Yankees il y a bien autre chose que le regret pour une république qui s'éteint. La fraternité républicaine, — chose triste à dire aux oreilles de tous ceux sur qui ces mots ont exercé et exercent encore une magique influence, — la fraternité républicaine va, chez l'ex-président Juarez, assez bas pour qu'il ne recule point devant l'idée de livrer son pays aux étrangers avides, et chez les Yankees, assez loin pour que, tout en courant au secours de prétendus frères et amis, ils méditent l'absorption d'un peuple, la fin de sa nationalité, l'extinction de sa langue, de ses usages et de sa religion. Le dépit les affole à la pensée qu'ils ont perdu beaucoup de temps et beaucoup d'argent à entretenir et à exciter les discordes civiles au sein de ce malheureux pays, à la pensée que leur application à le miner, ne servira qu'à l'arracher à leurs étreintes, à la pensée qu'ils ont semé l'anarchie pour n'en rien recueillir. L'ordre au Mexique est loin d'être leur affaire : ils en sont malades, comme l'a dit un journal anglais ; leur indisposition contre nous ne vient que d'une annexion rentrée.

Suivant eux, suivant Juarez, suivant bien d'autres, la république serait un principe devant lequel l'idée de patrie ne serait absolument rien. Doucement, Messieurs, un peu moins de foi, un peu plus de réflexion ; ne déclamons point tant, nous penserons davantage. A part la conscience, le gouvernement naturel qui siége dans chaque homme, tous les gouvernements, dans les sociétés, ne sont que des moyens, mais point des vérités. A tout gouvernement incombe le même devoir, celui de faire ou de préparer le bonheur des générations ; à tous aussi nous pouvons reprocher des inconvénients graves et des fautes nombreuses. Pour moi, qui voit d'une part, dans la chute des princes par la révolution, un correctif nécessaire à leur intelligence, et d'autre part, dans la chute des républiques par des princes, réparateurs nécessaires, des enseignements nombreux, mais infinis, grâce à la courte durée de notre existence et à notre peu de sagesse, — pour moi, qui crois quand même au progrès s'élaborant fatalement sous toutes les formes, sous tous les régimes, sous toutes les zones, — je me rattache avec amour à une idée qui est vieille comme le monde, mais qui chaque jour se rajeunit comme lui, à l'idée de patrie, de cette individualité collective, dont malheureusement on ne respecte pas plus la vie que celle d'un homme. Pour un peuple qui se suicide, combien y en a-t-il qui sont assassinés ?

Et par qui ? Au Mexique, ce serait par des proscrits ou des fils de proscrits qui, après avoir été chassés de la terre natale par la misère ou la force, veulent se comporter à l'égard d'autrui, comme on s'est comporté à l'égard d'eux-mêmes. Le souvenir de ce qu'on a souffert ne devrait-il pas apitoyer sur le sort qu'on veut préparer à son voisin. Tant il est vrai qu'une longue suite de succès enivre les hommes, que quelques revers sont nécessaires pour les humaniser, et qu'il n'est souvent pires usurpateurs, pires tyrans que ceux qui ont été esclaves, que ceux qui font mine de flétrir l'usurpation et la tyrannie. Il est grandement temps d'arracher à la république américaine le masque de générosité sous lequel elle prétend dissimuler la violation du droit des gens. Il ne suffit pas d'être ambitieux et habile, il faut être juste ; sans cela qu'importerait la force, puisque la force qui abuse renferme en elle-même la source de son châtiment.

III.

LES ÉTATS-UNIS DEVANT LA FRANCE.

La population des Etats-Unis ne montrerait pas tant d'audace, si, depuis plusieurs années, quelques écrivains soi-disant très sérieux, n'avaient pris à tâche d'exciter leur orgueil, en les déifiant près de gens qui n'ont jamais lu que les romans de Cooper, et qui n'ont jamais quitté la France ou l'Europe. Ils ont tout fait pour produire un engouement malsain, à ce point qu'à les entendre, l'agglomération américaine aurait ramené sur la terre le règne de l'âge d'or. Au fond, ils n'ont tant fait l'éloge de ce qui se passe là-bas, que pour mieux jeter le blâme sur ce qui existe ici; tant vanté les institutions d'une population disparate que pour rabaisser l'harmonie de notre nation si homogène. Un publiciste quelconque veut-il se faire une position politique, veut-il se poser en serre-file au sein de la démocratie, soudain il lance un essai sur les Etats-Unis. Notez que s'il les a parcourus, ce n'est le plus souvent qu'en courant ; qu'il n'a fréquenté que quelques gentlemen pour lesquels il avait des lettres de recommandation ; notez encore qu'il ne les connaît le plus souvent que pour avoir lu d'autres essais de quelque autre confrère. Bref, le sien, plus ou moins long dans les détails, plus ou moins ingénieux dans les aperçus, souvent faux dans les conclusions qu'il tire pour notre plus grand bien, reçoit les honneurs de la publicité. S'il fait le moindre bruit, grâce à un peu de camaraderie, voilà notre homme devenu le champion de la démocratie française et universelle, l'une des colonnes du temple de la Jérusalem nouvelle. Le tour est fait ; notre homme a préparé sa candidature sérieuse comme futur représentant du peuple, en vue des élections prochaines, qui suivront une révolution peu éloignée. Quelle pitié !

Ce que je ne veux pas comprendre, c'est pourquoi les grands messieurs qui parlent sans cesse de solidarité, ne se sentent pas saisis d'une vertueuse indignation en présence du sort que les Etats-Unis préparent au Mexique.

On dirait que ce mot de solidarité ne contient une vérité qu'autant qu'il est prononcé de ce côté de l'Atlantique, à propos de l'Italie, des duchés danois, de la Hongrie et de la Pologne. La Pologne, Messieurs, la Pologne, elle existe dans le Nouveau-Monde, c'est le Mexique ; et les Américains du Nord ne sont que des Russes qui, comme les Russes, procèdent par la désorganisation avant d'en finir, comme eux, par la conquête et par l'anéantissement d'une nationalité. Songez bien que toute infraction à cette loi de solidarité, dont vous vous servez pour produire de l'effet sur les masses européennes, retombera sur la tête de vos concitoyens, sur la tête de tous ceux dont vous tentez de rétrécir les sentiments généreux à la mesquine mesure de vos petites ambitions.

Disons-le, une fois pour toutes, la république que les progressistes sincères et sérieux souhaiteraient pour la France, dans un avenir encore éloigné, ne ressemblerait en rien à la grande république, telle qu'elle est de nos jours. Ce que j'avance, est tellement vrai, que des réfugiés politiques, admirateurs fanatiques de la forme républicaine, en étaient réduits à se demander, au bout de quelque temps de séjour, en quoi l'Union américaine avait grandi l'humanité, en quoi elle avait moralisé l'espèce, en quoi elle pouvait se vanter d'être supérieure aux nations de l'Ancien Monde. Les Américains sont des gens d'affaires, des gens pratiques ; les *politicians* et les *merchants* ne sont que d'habiles égoïstes et de francs viveurs : *time is money*, le temps, c'est de l'argent. Les progressistes européens cherchent le beau dans l'art, le vrai dans les principes, le juste dans les rapports : ce sont des penseurs. *Le temps, c'est le progrès*, disent-ils. Ceci établi, et nous l'établirons encore mieux, nous verrons en faveur de qui sera, un jour, le jugement résultant du parallèle.

A propos de ses moyens de coloniser, disons un mot de son initiative publique.

L'on est convenu d'admirer l'empressement que mettent les Américains à répandre l'instruction publique. La nécessité l'explique, celle d'apprendre aux enfants de l'émigration la langue qui est celle de la nouvelle patrie, et d'inculquer les habitudes du pays par la société de ceux qui y sont nés. Sans écoles, point de villes, point d'Etats; l'Amérique du Nord ne serait qu'une tour de Babel. Du reste, sur cette terre où s'ouvre un vaste champ devant l'activité individuelle, il n'est venu à l'esprit de personne, fût-il très riche, que l'instruction put être un danger. Ainsi, sans préoccupation de ce genre, l'on apprend à l'enfant le maniement des armes intellectuelles ; on exalte son orgueil par le patriotisme, et, plus tard, le *self governement* dégénérant en égoïsme, en fait un Romain des temps les plus farouches. L'instruction, en Amérique, fabrique en contre-façon des citoyens de Plutarque ; elle ne nous en fournit point un assez grand nombre qui soient dignes de notre temps, des Franklin, des Owen, des Emerson, etc...

En France, c'est autre chose : qu'avions-nous besoin de savoir lire et écrire pour nous faire une patrie ? Nous nous sentions vivre en elle, comme nous la sentions vivre en nous. Pour la plupart, ils ne savaient ni lire ni écrire, ceux qui, en 93, s'en allaient mourir sur les frontières ; mais tous se sentaient Français. Il a fallu bien du temps et bien des révolutions pour que le pauvre réclamât le droit à l'instruction en même temps que celui d'être compté pour quelque chose ; il y a eu bien des tergiversations de la part des heureux avant qu'ils se décidassent à s'acquitter de ce devoir. Le besoin de l'instruction chez nous répond à un sentiment d'un ordre encore plus élevé que celui de fonder un grand levier politique, plus ou moins honnête dans son but et ses moyens : il est l'aspiration qui pousse les masses à la recherche des meilleures lois sociales. Il est si bien doué notre bon, notre brave peuple de Gaules, que, sans instruction première, il poursuit d'instinct la solution du problème de ses destinées. Et j'en atteste le mouvement providentiel qui, à l'ombre d'un bras intelligent et fort, se produit au sein des classes ouvrières, parmi ces bonnes gens qui, pour la plupart, ne savent ni lire, ni écrire, ni compter. Le jour où les portes de l'intelligence nationale s'ouvriront toutes grandes au coup de baguette de la science, il se produira dans l'ordre des faits moraux et matériels quelque chose de lumineux qui étonnera le monde : il sortira de ce sanctuaire une véritable révélation. Les Américains en seront encore au droit coutumier de l'Angleterre ou aux pandectes ; ils en seront encore à singer les Grecs et les Romains, alors que, dans le travail transfiguré, nous aurons trouvé la foi et la loi des sociétés de ce monde. L'instruction que nous désirons pour la France et qu'elle obtiendra, moralisera les forces de l'intellect humain, au point de faire de chaque individu un sage, de tous les hommes des frères, de l'humanité une seule famille. Notre ancien monde se rajeunit, tandis que le nouveau monde est en train de *se vieillir.* Il en sera pour lui ce qui arrive à la jeunesse qu'affole une vie plantureuse et qu'enivrent les passions ; il sera vieux de bonne heure, tant il est vrai que la gêne et la souffrance peuvent, comme chez nous, produire de grands hommes, qui soient d'autres gens que des flibustiers, comme chez les Américains

Puisque les Etats-Unis peuvent devenir nos ennemis, qu'il nous soit permis de livrer au public quelques appréciations sur leur compte. Il est toujours bon de connaître ceux avec qui on peut avoir maille à partir. Quoique j'aie vécu près de dix ans là-bas, je n'entends imposer mes opinions à personne, ne désirant qu'une chose, c'est que chacun y regarde à deux fois avant d'idolâtrer ce pays-là.

Constatons tout d'abord quelque chose de caractéristique : l'existence des Etats-Unis commence par l'aggression et se continue par le même mode. Tandis que les Français, tant au Canada qu'en Louisiane, prenaient la peine de civiliser les Indiens, de les convertir et de se les attacher même par les liens du sang, les premiers pionniers préférèrent procéder par le vide. A l'exception de Penn qui, en échange de quelques couvertures d'un assez pauvre usage, achetait la terre inusable sous ses pieds, on s'est servi, pour détruire l'Indien, de l'eau de feu et de la carabine. Il n'y a pas si longtemps que vient de finir dans la Floride le massacre des Siminales; et dans le Far West, à mesure que l'on poussera la charrue et que l'on tracera le chemin de fer de la Californie, la tuerie continuera. Comme on le voit, l'Américain est un honnête colonisateur.

Après la déclaration de l'Indépendance, déclaration motivée par de justes griefs; après une lutte dont nous partageâmes la gloire, les anciens colons anglais hésitèrent sur la forme du gouvernement qu'ils devaient adopter. Un parti puissant, celui des gens éclairés, celui des officiers de l'armée, offrit le pouvoir au général Washington. Il refusa, non qu'il se sentît indigne de porter la couronne, mais parce qu'il respectait les susceptibilités du grand nombre, mais parce qu'il pouvait douter de ses successeurs, mais parce que — et c'est ici que nous ne regrettons point d'analyser ce qui s'est passé dans l'âme de ce grand homme, — sa position de généralissime lui imposait l'honnêteté de ce refus. Enfin, on se décida pour la république, guidé dans ce dessein par ce sentiment d'égalité qui s'était emparé des premiers pionniers, dès qu'ils avaient mis le pied sur cette terre inconnue, dès qu'ils s'étaient sentis tous également petits en présence du désert.

C'est avec vénération que nous parlerons des premiers temps de la république des Etats-Unis.

Jamais Constitution ne fut plus largement conçue que la leur. Depuis le simple individu, depuis la commune, depuis l'Etat (en Europe, nous dirions la province ou le département), jusqu'au gouvernement central, représentant conventionnel de la collectivité générale, la liberté de chacun fut le gage de la liberté de tous. Chacun était souverain, de manière à ce que personne ne pût le devenir exclusivement.

Quoique la forme fédérative existât en Suisse, on peut dire que l'idée était complètement neuve, tant elle avait été perfectionnée dans l'ensemble et dans les détails.

La Constitution garantissait à l'individu le droit d'aller et de venir, le droit de porter des armes apparentes, le droit d'être jugé par ses pairs, la liberté de réunion, de presse et de parole, la liberté de l'instruction, la liberté des cultes, le droit de vote, et l'accès des plus hautes fonctions publiques, etc.

Aux Etats leur souveraineté intérieure, pleine et entière *sous le rapport civil et politique,* à la condition toutefois que leurs Constitutions particulières fussent républicaines et ne dérogeassent en rien à l'esprit de la Constitution générale; — et au gouvernement central, composé de deux Chambres et d'un président, gouvernement siégeant dans un Etat soumis à une administration particulière, le droit de percevoir les revenus des douanes, celui de vendre les terres vacantes, celui de rendre la justice, dans certains cas exceptionnels, celui de déclarer la guerre, celui de conclure les traités de paix et de commerce.

Que de bonnes libertés! quelle merveilleuse coordination hiérarchisée sans usurpation! quelle arène magnifique sans cesse ouverte aux discussions sensées et au progrès pacifique!

Confiez la mise en vigueur d'une telle Constitution à des hommes plus complets que nous, vous aurez trouvé l'idéal d'une société surhumaine.

Confiez-la à des hommes qui, après avoir subi les exigences injustes d'une métropole orgueilleuse et les maux d'une guerre sanglante, apprécient le repos, le souvenir du passé leur imposera le respect et l'amour du présent : ils seront assez sages pour être heureux et loyaux.

Mais quand le temps l'aura confiée à des générations fort éloignées de celle qui la fonda, il est possible, il est même certain que la liberté dégénèrera en licence, à tel point qu'on arrive à justifier ce mot d'un honnête homme, le mot de Caussidière : « On fera de l'ordre avec le désordre. »

Cette manière de vivre semble très pittoresque, quand on la voit de loin; mais pour les résidents et les voisins de la frontière, elle n'a rien de bien rassurant, comme nous allons en juger.

Dans cette république où tout est abandonné à l'initiative personnelle, nous voyons le sentiment de l'individualisme l'emporter sur tous les autres sentiments, l'amour de la patrie servir de déguisement à l'amour du moi, et la moralité générale baisser en proportion de l'égoïsme farouche développée chez tout individu. Comme l'ambition de chacun devient, chose que nous autres nous ne concevons guère, la sauvegarde de la forme gouvernementale qui ménage une issue à celle de tous, les révolutions, dans le sens général du mot, sont impossibles : seulement, la facilité d'être élu pour des emplois lucratifs finit par créer une classe de gens qui vivent des bienfaits de l'élection et de l'agitation publique, comme d'autres vivent de l'agriculture, du commerce, du transport ou d'un état manuel. Si nous avons des fonctionnaires qui font antichambre, il y a là-bas toute une série de meneurs qui font la place et raccolent les suffrages. Ceux que nous appelons gravement en Europe des hommes d'Etat, lorsqu'ils sont au pouvoir, et dédaigneusement des révolutionnaires, lorsqu'ils veulent y parvenir, s'appellent, soit qu'ils aient du mérite ou non, des *Politicians*. Longtemps ce nom fut un terme de mépris dans la bouche de tous ceux qui regardent les fonctions publiques comme de véritables charges et non comme des bénéfices, les acceptant lorsqu'elles leur étaient offertes par pur dévoûment, mais ne les recherchant jamais, par dégoût pour les intrigues. Il est à regretter que le peuple, capté par l'ardeur des *politicians*, ait négligé de choisir ses élus parmi les gens réservés et dignes.

Nous en voyons les conséquences sans les avoir encore expliquées.

Dès le début de la République américaine, deux partis se produisirent : il faut bien qu'il y ait des partis même au sein d'une République bien assise, de manière à ce qu'une certaine satisfaction soit donnée, dans une certaine mesure, à l'esprit de contradiction ou d'opposition par lequel se révèle chez l'homme l'instinct du progrès, le désir du mieux. Dans l'origine, ils furent également respectables.

Les whigs désiraient les grandes améliorations intérieures; ils avaient de la hauteur dans les vues, de la tenue dans la conduite, un patriotisme qui allait, dès lors, peut-être jusqu'à l'exclusivisme. Leur système commercial était la protection effective au moyen de l'élévation des tarifs de douanes, à l'effet de stimuler l'industrie nationale et de s'affranchir de l'importation étrangère. Le parti opposé au leur les accusait de tendances trop centralisatrices, quoique, à vrai dire, rien ne motivât, dans la conduite de leurs hommes les plus remarquables, la justesse d'une pareille accusation. Les whigs n'étaient encore que des organisateurs; des défaites réitérées dans les élections devaient les rendre, par dépit, des révolutionnaires implacables, et des socialistes impossibles.

Les démocrates étaient, au point de vue financier, pour la liberté des banques, au point de vue commercial pour l'abaissement des tarifs; au point de vue de la navigation pour la liberté des mers; au point de vue gouvernemental pour le stricte maintien des droits de l'homme et des Etats; au point de vue de l'influence extérieure par l'expansion territoriale, par la force et par l'intrigue, ainsi qu'ils l'ont prouvé au Texas où ils ont réussi, au Canada, où l'Angleterre les tient en respect, au Mexique qu'ils ont dépouillé de la Californie. A l'intérieur, les démocrates étaient des conservateurs dont la turbulence ne se révélait qu'au moment des luttes électorales; en temps ordinaire, la flibusterie à l'extérieur les tenait en haleine. A part leur propagande peu honnête et leur prosélytisme plutôt violent que persuasif, ils étaient en somme les véritables dépositaires de l'esprit qui a dicté le pacte fédéral. Non moins que les whigs, ils étaient partisans de toutes les améliorations intérieures, pourvu qu'elles fussent dues à l'initiative des particuliers agissant isolément ou groupés en compagnies, et non à celle des Etats ou du gouvernement fédéral. Pourquoi faut-il que leur fureur d'extension les ait fait égarer Lopez, honnête homme qu'ils ont sacrifié, et Walker, homme énergique qu'ils ont fait pendre?

Et cependant, malgré leurs principes opposés, si ces deux partis eussent alternativement eu le siége présidentiel et la majorité dans les deux Chambres, les Etats-Unis, plus florissants que jamais, n'auraient point subi la crise ruineuse qu'ils viennent de traverser et ne seraient point en voie d'en traverser une nouvelle.

Autant on peut souhaiter qu'il en fut ainsi, autant on s'étonnera peu qu'il se soit produit le contraire, grâce à l'influence que le parti démocratique devait exercer sur une agglomération comptant dans ses rangs de nombreux aventuriers. Il l'a exercée, et, malgré la compression du moment, il l'exercera encore. Le fermier qui, dans le fond de l'Ouest, désirait consommer à bon marché les produits de l'industrie européenne, était démocrate; celui qui fuyait l'Europe, chassé par la misère dont selon lui, les rois étaient les causes, était séduit par le mot, et se faisait naturaliser le plus promptement et le moins légalement possible afin de devenir un chaud démocrate; les marins et les ouvriers des ports étaient démocrates; les fermiers du Sud, grands ou petits, l'étaient également, préférant être les tributaires de l'industrie européenne perfectionnée, plutôt que de celle des Etats du Nord. Si l'agriculteur qui livre au commerce ses produits bruts, si l'émigrant qui a des rancunes, si le matelot et le portefaix demandent l'exportation, l'importation et la manutention de marchandises encombrantes, étaient démocrates, l'homme du Sud ainsi que tous ceux dont les intérêts se rattachaient aux siens, l'homme du Sud qui exportait le coton, les riz, etc., etc., avait intérêt à grossir et à appuyer le parti qui défendait le droit des Etats et qui, en recherchant l'extension vers le Mexique ou dans le golfe, avait en vue la formation de nouveaux Etats à esclaves. La majorité des voix dans les deux conseils leur offrait plus de garanties pour leurs propriétés et pour leur prospérité.

Dans chaque Etat, le parti démocrate avait son centre d'action; si son rendez-vous d'affaires était à New-York, dans Tammany-Hall, son quartier-général était dans le Sud tout entier.

Les whigs résolurent de tenter un effort énergique pour disloquer, par une nouvelle doctrine et pour maîtriser, par la terreur, ce parti tout-puissant. Ils accusèrent hautement leurs adversaires d'une faute, d'un délit, d'un crime, si l'on veut, celui de naturaliser illégalement les étrangers, de les enrégimenter, et de livrer à leurs excès, pendant les démonstrations processionnelles et au moment du vote, les électeurs indépendants nés dans le pays. Ce qu'ils reprochaient aux démocrates, ils avaient tenté de le faire eux-mêmes, mais sans succès, tant à cause de leurs doctrines, qu'à cause du peu d'éclat de leur dénomination. Entre politicians, c'était vraie jalousie de métier.

Il faut avoir assisté à des élections américaines, pour se figurer les scènes qui en sont les conséquences. Les candidats aux postes les plus élevés sèment l'argent à pleines mains, soit pour les manifestations dans les rues, soit pour l'achat des voix. En vue d'être shérif à la Nouvelle-Orléans (le shérif est l'exécuteur de la loi, qu'il s'agisse de saisie ou de pendaison), j'ai vu dépenser cent mille francs : il est vrai que la place, dans le cours de deux ans, en eut rapporté quatre cents à celui qui *la courait*, s'il eût réussi. Le rôle des meneurs subalternes, des agents stipendiés et des raccoleurs, tous gens de sac et de corde, est d'amener à l'urne les hommes qu'ils ont enivrés, de les faire voter le plus de fois possible, de les appuyer par tous les moyens. Si les scrutateurs du parti opposé tentent la moindre opposition, les armes cachées deviennent apparentes; des meurtres s'ensuivent; un nom plus ou moins taché de sang sort de l'urne, et l'Européen enregistre, à l'arrivée du steamer, la nouvelle évolution présidentielle majestueusement commencée par les étoiles de l'Union. On refuserait, dans notre pays, de croire à de telles monstruosités ; elles sont pourtant foncièrement vraies. Combien il y a de grandeurs qui gagnent à être vu de loin, — de bien loin ! — Il y a, dans cette république, les prétoriens de l'urne.

Pas plus que le parti whig, le parti démocrate ne pouvait se vanter, à cet égard, d'être exempt de reproches Nous dirons même que, parmi la foule de ses adhérents, il pouvait se rencontrer plus de natures violentes, conséquence infaillible des habitudes, de l'éducation et de la force physique. Seulement, ils n'ont jamais tenté d'ériger en système un effort momentané, en une société secrète un simple élan, en un régime de terreur perpétuelle un acte d'entraînement accidentel. Les whigs, eux, n'ont point reculé devant la formation de la société secrète des *know-nothing* société qui n'admettait dans ses conseils directeurs que des citoyens natifs : ce parti, dérogeant à toutes les habitudes républicaines, eut ses conférences secrètes, et entretint à l'année des bravi chargés de semer, par des attaques nocturnes, la terreur avant les élections et d'écarter de l'urne, à coups de revolver, pendant les jours de vote, tout ce qui n'était pas know-nothing. On sait les atrocités que ce parti a fait commettre dans quelques grandes villes de l'Union, à Louisville, à Baltimore, à la Nouvelle-Orléans entr'autres, où, sur un chiffre de quinze mille votants, le vote de dix-huit cents know-nothings suffit pour leur assurer la victoire : c'est à peine si quinze cents démocrates eurent le courage de déposer leur bulletin. Honte à ceux qui brisent ainsi la sincérité du gouvernement républicain! Honte aussi à ceux qui endurent cette violation de la loi!

Malgré quelques succès locaux, la campagne présidentielle se termina pour eux par un échec : Buchanan fut élu.

Principes du whigisme, qui étaient comme oubliés, menées du know-nothingisme, qui n'avaient offert aucune chance de succès, tout cela fut délaissé par les mécontents : ils ne pouvaient agir politiquement en renversant la république ; ils résolurent de s'en prendre à la société sans trop savoir jusqu'où ils iraient. Politicians déboutés, ils se firent abolitionistes, tout émerveillés de se trouver réunis autour d'une idée capable de faire pâlir les déclamations des démocrates, tout joyeux de profiter, dans le Nouveau Monde, de la distinction que l'on fait dans l'Ancien entre un socialiste et un politique, entre un formaliste et un réformateur.

Suivons un peu la formation du parti abolitionniste, dont la tendresse du cœur ne fut chez les meneurs, à de rares exceptions près, que de la jalousie déguisée, et dont le plus souvent, la philanthropie ne fut d'abord qu'une mise en scène avec orchestre. Ce qui s'explique assez difficilement, c'est que cette idée d'abolir l'esclavage ne soit venue que tard sur cette terre privilégiée de la liberté. Elle n'y était qu'à l'état de théorie latente, quand déjà, à tort ou à raison, de grandes nations s'étaient imposé d'immenses sacrifices en la pratiquant. L'institution que le bon sens d'un pays avait consacrée, il fallait que la rage d'un parti deux fois anéanti dans ses transformations la brisât, afin de se créer un piédestal de ruines. Whigs, knownothings, démocrates du Nord, mécontents de l'influence des hommes d'Etat du Sud, ont ramassé cette idée qui donnait d'assez pauvres résultats dans les Antilles, afin de s'en servir comme d'un caillou que l'on jette à la tête d'un géant.

De l'Angleterre, qui peut se passer, dans ses grandes colonies, des services dela race noire, parce qu'elle y exploite à bas prix la race jaune, les parias indiens ; de laFrance, où souvent l'on s'attendrit plutôt qu'on ne raisonne, cette idée abolitioniste avait fait du chemin. Si l'insurrection, grâce à nos difficultés intestines, la fit s'implanter à Saint-Domingue, nous ne l'adoptions de bon gré qu'en 1848. Quoi qu'elle eût des admirateurs dans toutes les parties de l'Union, elle n'osait se produire au grand jour. Aux Etats-Unis, la liberté de la presse, droit que garantissent à tous et les constitutions particulières et la constitution centrale, n'étant respectée par le peuple qu'à certaines conditions, quiconque eut osé parler, dans le Sud, d'abolir l'esclavage, eut été pendu ou pour le moins emplumé, et quiconque, pendant un temps, eut soutenu cette thèse dans le Nord, eut été regardé comme un fou, ou même traité comme un séditieux violant le pacte fondamental.

Ce fut à propos des alliances légitimes entre les blancs et les noirs que l'abolitionisme s'affirma en affirmant l'égalité des races. On se rappelle les désordres qui eurent lieu dans un Etat du Nord, à propos du mariage d'une femme blanche avec un nègre libre. Les rapports sexuels que le libertinage des blancs s'était permis avec des négresses, la masse se refusait à les sanctionner par la loi. Tant il est avéré que, par ces mélanges-là, notre race caucasienne n'améliore qu'en se dégradant; tant il est instinctif chez nous, le sentiment de dégoût et d'indignation qui nous saisit à la pensée d'un nègre se vautrant sur une femme blanche, ou un blanc sur une négresse. N'importe : le couple noir et blanc fut sauvé; le premier pas était fait dans une longue carrière de désordres moraux et matériels.

Peu de temps après, les missionnaires du parti se risquèrent dans les Etats limitrophes de ceux où ils avaient leur point de réunion. On assistait à leurs conférences comme à une discussion philosophique purement spéculative. Malgré ce qui venait de se passer à deux pas, on les écoutait, parce qu'ils ne paraissaient point être des propagandistes violents; on discutait paisiblement avec eux de leur doctrine sociale, comme on eut traité d'un point de droit ou de religion. De la part des auditeurs, nul ne croyait qu'il y eût là une arme dont on essayait la pointe.

Moi-même, en 1849, vers la fin d'avril ou le commencement de mai, un samedi, tandis qu'à l'occasion d'un *barbecue*, les jeunes gens des deux sexes dansaient sous la futaie, en présence des mères de famille, j'ai vu les hommes d'un âge mûr s'asseoir sur des troncs d'arbres disposés en amphithéâtre, pour écouter un débat contradictoire entre un abolitioniste et un esclavagiste. Le silence n'était troublé que par les accords discordants de l'orchestre des esclaves qui réglait la cadence des blancs.

L'abolitionniste se mettait dès le début, à l'aide de quelques citations, sous la sauvegarde de l'Evangile; il continuait, en évitant de laisser percer aucune jalousie contre la prospérité du Sud, mais en menaçant, au nom du Souverain Maître, ceux qui ne traitent point leurs semblables comme des frères. La doctrine évangélique étant éternelle, parce qu'elle vient de Dieu, et la Constitution fédérale, œuvre des hommes, étant sujette à perfectionnements, il pensait, tout en protestant de son respect pour la souveraineté du peuple et pour celle des Etats, que la persuasion et le temps pouvaient seuls amener des changements jugés nécessaires...

Il parlait avec tant de calme, tant d'onction, tant de conviction apparente, que ce pasteur, — car il l'était, — se faisait écouter, comme on écoutait les Apôtres, avant qu'ils fussent assez forts pour parler en Papes.

L'esclavagiste opposait la Bible au Nouveau Testament, Abraham à Jésus : il citait les grandes civilisations de l'antiquité, et prouvait, chose curieuse, que le Christianisme catholique avait béni le travail forcé, puisque l'abbé bénissait et admettait à la sainte table le châtelain qui possédait des esclaves blancs ; puisque les moines eux-mêmes, livrés à la vie contemplative, se remettaient à des serfs, assez rudement menés, du soin de fournir aux exigences de leur vie terrestre. Il soutenait que le véritable chrétien était, là où les missionnaires n'avaient pu réussir, le capitaine négrier qui, pour une faible rançon, arrachait les prisonniers de guerre aux tortures, à la voracité de leurs semblables encore cannibales, et les transportait au sein d'une civilisation plus douce, exigeante il est vrai, mais non mortelle. Il se demandait si la race africaine avait jamais accompli sur son sol quelques progrès réels, si la lumière bienfaisante du soleil ne l'avait comblée de tant de biens naturels, que pour l'entretenir dans l'abrutissement ; — si le respect pour la barbarie pouvait aller jusqu'à isoler cette terre et cette race du mouvement intellectuel de l'humanité ; — si les efforts des ministres chrétiens y avaient produit des effets féconds et durables ; — si les populations de Saint-Domingue, livrées depuis longtemps à elles-mêmes, n'offraient pas un triste échantillon de la sociabilité dont la race noire est susceptible par elle-même ; — si la supériorité intellectuelle de la race blanche, supériorité bien marquée par les phases d'une civilisation progressive, ne nous imposait pas le devoir de prendre en tutelle une famille d'êtres chez lesquelles prédominent les intérêts, et dont les forces, si elles n'étaient utilisées, se suicideraient d'elles-mêmes ; — enfin, si la terre dont le travail de l'homme continue la création superficielle, doit rester, dans l'un de ses continents, en proie au chaos de la végétation et aux atrocités de la sauvagerie, par la faute d'une race, ébauche mystérieuse, aussi différente de la nôtre par ses habitudes que par son extérieur, par la faute d'une race rebelle à l'exploitation des zones qu'un bras plus intelligent eut aménagées depuis longtemps.

Il avouait que certains planteurs se comportaient comme des monstres à l'égard des noirs; mais il faisait remarquer — et je l'ai constaté depuis, — que les voisins de ces hommes indignes, agissant autant par un mouvement de cœur que par considération de leurs intérêts, les forçaient à abandonner le pays et à laisser, à des économes, le soin de gérer leurs plantations.

A propos des services rendus par les esclavagistes, hommes et Etats, il citait le général Washington, père de la république, et les sacrifices que s'étaient imposés, pendant la guerre de l'indépendance, la Virginie et les deux Carolines.

Au sujet du pacte fondamental, il reconnaissait qu'il était perfectible dans une certaine mesure; mais que, suivant lui, le maintien du travail forcé était la condition même de l'Union.

Au nom de la liberté des blancs, au nom de la prospérité de l'Union, au nom de la perpétuité de la grande république formée de tant de républiques unies, il maintenait à perpétuité l'esclavage des noirs.

L'orateur esclavagiste eut mieux fait comprendre l'infériorité de la race noire, s'il eût cité les civilisations qu'ont produites d'autres races sur d'autres points du globe; la race rouge au Mexique et au Pérou, la race jaune-brune dans les Indes, la race jaune en Chine, la race blanche en Europe. Enfin, il eut pu ajouter, s'il l'eût su à cette époque, ce que plusieurs physiologistes ont constaté, sans oser en tirer, au point de vue social, la rigoureuse conséquence, à savoir, qu'étant donné comme le plus parfait dans le genre *Homo*, l'être qui, par la construction des organes de la pensée et de l'action, s'éloigne le plus des quadrupèdes et des quadrumanes, l'homme blanc est de plusieurs degrés supérieur à l'homme noir, parce que ce dernier offre, dans sa structure générale, plus d'une affinité, plus d'un point de contact avec les autres êtres inférieurs de la création.

Les esclavagistes, à part la brutalité de plusieurs, sont dans le vrai ; ils étaient d'accord avec la nature et logiques sans le savoir. Les abolitionistes, à part l'abondance de cœur chez la foule ignorante, sont de faux sentimentalistes. Parmi tous les politicians de cette couleur, combien y en a-t-il qui épouseraient une négresse, qui donneraient leur fille à un nègre ?

Jusqu'ici, l'abolition de l'esclavage était à l'état spéculatif. Si cette doctrine n'eût point eu quelque chose d'aggressif, et n'eût point emporté ses adeptes au-delà de la légalité ; s'il eût été possible qu'elle devînt moralisante pour les maîtres, sans susciter la révolte parmi les esclaves, peut-être le temps eut-il amené des remèdes que la violence a préféré négliger. L'argent et non le sang, aurait racheté toute une race. La juxtaposition de deux races eut-elle été reconnue impossible, l'achat et le transport annuel de cinq cent mille Africains, sur le sol de leurs ancêtres, eut moins coûté que leur libération par le fer ; et cette mesure, qui eut rendu à l'Afrique de cinq à six millions d'habitants au bout de dix ans, en eut changé sûrement la face occidentale. On s'arrête à cette pensée, parce que, dans un pays républicain, il est permis de croire aux habitudes parlementaires et à l'efficacité d'une sage discussion. Erreur : ce serait supposer au sein de l'agglomération américaine, une sagesse aussi sereine que celle qui éclairait les entretiens de Socrate dans le jardin d'Academus, une majesté surhumaine comme celle qui présidait aux enseignements de Platon sur le cap Sunium; une résignation héroïque comme celle d'Epictète, sous le bâton de son maître. Erreur, je le répète: plus l'homme est libre dans ses actes; plus il est libre dans l'appréciation qu'il en fait; l'intérêt le guide, la jalousie l'inspire, l'égoïsme l'encourage; il parle en marchant; il marche en frappant; il ne s'arrête plus quand il faut tuer. La glorification de l'individualisme qui conduit là fatalement le citoyen, conduit la société à une belle moralité !

Comment croirait-on longtemps à la solution pacifique d'une question comme celle de l'esclavage, soit pour le maintenir définitivement, soit pour l'abolir graduellement, dans le sein d'une nation où l'incendie prévient les faillites et remplace les liquidations;

Dans un pays où la liberté de la pensée, la liberté des cultes n'a produit que les shakers, sortes de trembleurs aussi ridicules que les derviches tournants et les mormons, répoussés, il est vrai, à coups de carabine, pour la plus grande gloire du *cant* et des libertés en vigueur;

Dans un pays où la bonne foi des jeunes filles est chaque jour surprise par des hommes déjà trois ou quatre fois mariés;

Dans un pays où les populations croient si peu à la respectabilité des magistrats élus et à l'incorruptibilité du jury, qu'elles ont recours à la loi du Lynch, pour sauver la justice des prévarications, de l'avidité et des complaisances de la camaraderie ;

Dans un pays où les représentants de la nation se battent, en sortant du congrès, à coups d'œufs durs, comme de vrais écoliers de dix ans ;

Dans un pays où, sur la nouvelle de la mort de Lopez et de l'arrestation des flibustiers américains ses complices, la foule, sans respect pour le droit des gens, se jeta sur les Espagnols résidant à la Nouvelle-Orléans, pilla leurs magasins, brisa les presses d'un journal espagnol et tenta d'en assassiner le directeur ;

Dans un pays où une douzaine de vauriens envahissent un waggon, pillent, maltraitent, violent, sous les yeux de ses parents, eux-mêmes sous le couteau, une jeune fille israélite, et ne sont point condamnés, parce que ce sont des bravi know-nothings (Nouvelle-Orléans, Rail-Road, Pont-Chartrain) ;

Dans un pays où, pour un Jud, dont tant de monde rêve encore, il se rencontre cent cinquante vauriens qui envahissent un train de New-York, y volent, y violent, y assassinent, en font ralentir la marche, s'échappent sous un tunnel et se moquent de la justice ;

Dans un pays où, quoi qu'on en dise, les honneurs sont à l'encan, puisqu'il n'y a nulle chance pour l'homme de mérite, s'il n'est assez riche pour payer ceux qui enivrent, ceux qui assomment, ceux qui assassinent avec le bowie-knifs et le revolver !

Hélas ! ce peuple en est arrivé à ce que l'on reproche à tant d'autres peuples ; il ne peut supporter la responsabilité de la liberté.

Comme je ne me suis jamais imposé la tâche pénible d'enregistrer toutes les hontes d'un peuple, je regarde mon esquisse incomplète, comme suffisante. Les honnêtes gens, et grâce à Dieu ils sont encore nombreux en Amérique, gémissent de ces désordres, en prévoient les conséquences; mais, étant en trop faible minorité, que peuvent-ils ? Que pouvaient-ils, quand, whigs impuissants, know-nothings repoussés, démocrates mécontents, tous transformés en abolitionistes, ont doublé l'énergie du mal, ont doublé l'audace des coupe-jarrets électoraux, et cela, à force de les relever à leurs propres yeux, par la mise en regard d'un but philosophique, à force de leur passer, sur la conscience et sur les mains, le vernis d'une apparente philanthropie. Ils ne pouvaient que se taire et que déplorer les malheurs de leur pays tout en sentant la République fuir sous leurs pieds.

Sur la fin de la présidence de Buchanan, le parti abolitiste ne se sentait point encore assez fort pour livrer la magistrature suprême à l'un des siens : un événement inattendu, car nous ne pouvons croire qu'il fût préparé, jeta sur sa cause un éclat dont il sut tirer parti. Soit qu'il ait agi sans calcul, soit qu'il se soit offert en victime pour appeler la vengeance, John Brown, — un homme seul contre tout le Sud, — John Brown venait d'être pendu, après avoir tenté de soulever les esclaves de la Virginie.

Après un premier cri, il se fit un grand silence dans le Nord; et puis, du pied de ce gibet, comme autrefois les apôtres du pied de la croix, partirent, pour rayonner dans tous les sens, des orateurs de toute qualité, les uns y allant de cœur, les autres y allant de tête. Des émissaires secrets pénétrèrent même dans le Sud, afin d'exciter les nègres et de sonder les dispositions des gens qui n'en n'avaient point.

C'était un grand acheminement pour les abolitionistes, que de s'emparer de la présidence, par la seule puissance du vote. Le pouvoir exécutif mettait à leur disposition l'école de West-Point, les arsenaux, l'armée de terre, l'armée de mer, le trésor fédéral et l'administration des douanes : ils eussent donné, dans le Sud, les emplois de cette administration, à quelques-uns de leurs partisans, dangereux témoins que le Sud eut été forcé de supporter, dangereux correspondants qui eussent étudié les faiblesses des Etats à esclaves.

Une fois ce plan conçu, il fallait se montrer habile. Ce n'est pas peu de chose que d'attaquer une Constitution qui a, pendant longues années, fait le bonheur et la gloire d'une nation. Suivant eux, un simple vœu n'était point une attaque. Aux démocrates de l'Ouest, fermiers ou artisans-patrons qui exploitent la misère des émigrants nouvellement débarqués, on faisait comprendre que la vraie démocratie ne peut coudoyer l'esclavage ; que cette institution empêchait, par l'horreur qu'elle inspire, l'extension des Etats-Unis ; qu'aux yeux des Européens, c'était une tache sur le drapeau étoilé ; qu'il n'y aurait, du reste, aucune élévation dans les tarifs ; qu'il s'agissait de la simple manifestation d'une opinion ; que cette manifestation, qui durerait quatre ans, était nécessaire, mais n'imposait aucun changement radical.... Aux engagés des fermiers, aux artisans vivant au jour le jour, Allemands et Irlandais, on disait tout bas qu'un jour peut-être il y aurait des terres toutes défrichées à se partager, des grades dans l'armée à obtenir, de grands seigneurs à punir, de pauvres esclaves à délivrer des tortures, de grands principes d'égalité à imposer; enfin, l'occasion de témoigner à la nouvelle patrie toute leur reconnaissance et leur amour. On finissait toujours par évoquer le souvenir de John Brown, et par la distribution de quelques volumes, — la *Cabine de l'Oncle Tom*. Chacun s'agitait, mais l'agitation gagnait surtout les émigrants; ceux qui disaient avoir été plus ou moins esclaves sous des gouvernements européens, ceux qui rêvaient fortune, ceux qui, après avoir jeté, pendant certaines émeutes, quelques pierres à de bons gendarmes, étaient tout émerveillés de se trouver en Amérique en présence d'une bonne révolution démocratique et sociale.

Pendant cette croisade, à mesure que se succédaient les bulletins des meetings, les grands meneurs du parti se frottaient les mains en se disant : « Ça ira, ça ira : nous irons à la Maison Blanche. Une fois rendus là, nous proposerons des lois conformes à nos vues; nous proposerons des changements à la Constitution; nous trouverons bien le moyen de faire disparaître cette fiction d'après laquelle, à la faveur du nombre de leurs esclaves, les Etats du Sud nous envoient tant de représentants; avant qu'ils soient citoyens par notre fait, nous ne pouvons admettre que leur nombre contribue à élever le nombre de leurs indignes représentants ; ainsi le Nord l'emportera dans le Congrès; ainsi le Sud sera à notre merci; et si, par respect pour l'ancien pacte fédéral, nous lui accordons, chose fort discutable, une indemnité, ce sera la majorité, notre majorité qui, plus tard, en règlera le chiffre.

» Si le Sud nous devine, s'alarme et se révolte, nous l'écraserons.

» Nous autres gens du Nord, nous gagnerons en activité tout ce que perdra le Sud. Dans les usines, la main-d'œuvre du noir ne tardera pas à faire concurrence à celle du blanc ; nous produirons plus et à meilleur compte.

» Changerons-nous les noirs en citoyens jouissant de tous les droits civils et politiques, c'est à quoi nous aviserons : les décisions naissent des circonstances. »

Ainsi raisonnaient les fortes têtes du parti, les *Smart Fellows* (traduction libre, les malins parmi les malins).

Après l'élection de Lincoln, le Sud qui savait ce que lui ménageait l'honnêteté du parti triomphant, prit la Constitution d'une main, son fusil de l'autre : à la guerre sourde et lente qu'on lui déclarait, il répondit par une guerre ouverte. Eut-il tort ou raison ? Il avait raison : il défendait la tradition, et, de plus, il ne voulait pas se laisser tuer par une légalité factice. On voulait le voler, d'abord d'une manière détournée, et puis ouvertement : il s'est défendu. Quoi de plus naturel ? Le Sud se leva donc et le monde entier s'étonne aujourd'hui comment n'étant pas maîtres de la mer, comment n'ayant point d'armée régulière, comment ayant eu à improviser fabriques d'armes et fonderies de canons, comment ayant le nombre en face et le nombre derrière eux, les hommes du Sud ont si longtemps opposé une résistance héroïque. Leurs premières victoires usèrent leurs forces, et, quand vinrent les poussées et les manœuvres des grandes multitudes, il ne furent point vaincus, mais engloutis comme les rocs que couvre la marée montante.

Combien d'Américains sensés regrettent le passé en voyant le présent !

Au moment où les Etats-Unis, se croyant délivrés des complications intérieures, veulent s'immiscer dans les affaires du Mexique et dans les nôtres, il m'a semblé utile d'esquisser, aussi rapidement que possible, ce qu'ils étaient avant leurs discordes sanglantes : il ne le sera pas moins de s'appesantir sur ce qu'ils sont et sur ce qu'ils pensent, au moment où ils éprouvent à notre égard quelque velléité guerrière.

Voici qu'après les luttes du champ de bataille surgissent des difficultés d'organisation, dont Messieurs les grands politicians abolitionistes n'avaient point eu conscience. Quelle que soit l'habileté dont ils se targuent, nous les défions de les surmonter sans répandre encore des flots de sang.

Le Sud est occupé, c'est clair; mais il n'est pas soumis, cela se devine.

Qu'est-ce aujourd'hui que la Grande République, sinon une dictature, ayant assumé une responsabilité immense en face de questions insolubles, une dictature qui, au sortir d'une aventure, veut se jeter dans une autre?

Dans le Sud, les législatures, vivant d'une vie nominative, ne fonctionnent que sous la surveillance des chefs militaires : — dictature.

Dans le Sud, les fortunes appréciées à tel ou tel chiffre, suivant le caprice du spoliateur, sont confisquées : — dictature.

Et les bureaux des affranchis, ces justices-de-paix, ces prud'hommies militaires, que sont-ils ? — encore une dictature, à laquelle on ne pourra jamais renoncer.

Et pourquoi ?

Parce que l'ancien maître reconnaît à chaque pas, dans l'affranchi, une propriété qu'on lui a arrachée ; parce que l'ancien esclave coudoie celui qui l'a fouetté ; parce que la paix et la fusion sont impossibles, entre deux races dont l'antipathie naturelle s'augmente par la rancune et la rivalité.

Mais continuons. — Après avoir fomenté le désordre, quel sera l'ordre que l'on prépare sous cette dictature ?

L'introduction de l'affranchi dans la vie commune, c'est la jouissance des droits civils ; on la lui accorde. Cette porte une fois ouverte, les noirs peuvent se permettre de lever les yeux sur les femmes blanches, et les blancs, *amacornés*, comme on dit, de légitimer leur libertinage. Suivant les abolitionistes, la promiscuité doit, dans un temps donné, amener la fraternité et la concorde. Ce serait assez bien imaginé, si l'antipathie naturelle, qu'on a tort d'appeler un préjugé, si la haine n'étaient pas des obstacles dirimants.

A l'affranchi on donne le droit de porter des armes, droit qui, en Amérique, implique non-seulement celui de défense, mais aussi celui d'une adroite provocation, celui de se faire souffleter pour avoir le droit de tuer. Il est vrai que ce droit est aussi accordé à ce qui reste de population virile parmi les blancs. Voyez la belle position des bureaux militaires, placés entre deux races qui se détestent et qui toutes deux sont armées jusqu'aux dents, entre deux adversaires inexorables qu'il faut cependant contenir, entre des frères par le sang qu'ils ont déjà décimés et des frères de convention dont ils sont les tuteurs. La situation est gaie, mais elle ne l'est point encore assez. Allons jusqu'au bout.

Donnera-t-on aux nègres les droits politiques? Ceci ne doit pas, si l'on est radical comme quelques-uns de nos publicistes, causer l'ombre d'un doute. Que sont les bienfaits de la loi civile et le droit d'épée, si l'on n'a pas le droit de défendre ce que l'on achète et de croiser son vote avec celui d'un autre, comme on a le droit de croiser l'épée avec la sienne. Quand une révolution comme l'abolutionisme s'appuie sur des principes aussi justes, aussi bien définis, aussi généreux, etc., etc., il faut être radical sous peine d'être illogique et malhonnête. On peut bien appeler citoyen celui que l'on appelle son frère, et membre de la patrie celui qui en fut le soldat.

Ce qui pour tous les Etats du Sud serait encore une grave question, n'en serait déjà plus une pour la Louisiane: il paraîtrait, dit-on, que le nègre y est citoyen.

Sans tenir compte d'un cas particulier, traitons, la question générale.

Admettons que l'on cède à la logique des idées et à la pression des faits, c'est-à-dire que l'affranchi soit reconnu comme citoyen.

De deux choses l'une: ou le blanc votera, ou il s'abstiendra ; et dans l'une ou l'autre alternative, nous assisterons à quelque chose de terrible.

Si les blancs votaient, ce que je nie, pour les créoles, il faudrait s'attendre à quelque chose de plus terrible que ce qu'ont imaginé les know-nothings. Nous qui savons ce que sont les élections en Amérique, nous affirmons qu'autour des urnes il y aurait le carnage en permanence. Comment en serait-il autrement entre gens, dont hier les uns étaient maîtres et les autres esclaves. Nous laissons de côté la différence du teint qui servirait de ralliement.

Si les blancs ne votaient pas, ce dont je ne doute qu'à l'égard de quelques Européens naturalisés et flatteurs intéressés, il y aurait là une protestation formidable contre les spoliations commises et contre l'égalité révolutionnairement imposée.

Libres de disposer du pouvoir dans l'Etat, les affranchis, qui sont en majorité, se nommeraient du haut en bas une administration de leur couleur : spectacle qui serait risible et grotesque, s'il n'était plein d'orages ; spectacle dont on s'est tant égayé à propos de Saint-Domingue, où il n'y a que des noirs ; mais dont on aurait au cœur mille motifs pour s'alarmer, dans un pays où il y aurait tant de blancs sans protection. Depuis l'agent de police, qui saisit au collet, jusqu'au juré qui dispose de la vie par un vote, jusqu'au shérif qui la termine par la potence, tout serait noir. Ma foi, nous connaissons pas mal de Français qui, tout en entretenant des relations d'amitié avec des noirs, les regarderaient de travers s'ils savaient que l'un d'eux put devenir leur empereur ; ce mot tient ici la place de celui de gouverneur. Si on m'opposait ce qui s'est passé aux Antilles, en 1848, je répondrais que les rapports n'étaient point aussi tendus, que la promiscuité n'est point résultée de l'émancipation, et que, si les représentants d'alors ne représentaient pas nos vrais compatriotes, ces mêmes compatriotes, à la faveur d'une administration bien autrement organisée, n'avaient rien à redouter de l'envahissement de tous les pouvoirs par des affranchis exaltés.

Mais dans les Etats du Sud, se figure-t-on un gouvernement confié à des gens ayant l'orgueil du succès, l'ignorance du demi-sauvage, la fureur de la vengeance? Si la partie blanche de la population s'adressait à l'autorité fédérale, quelle bonne grâce aurait celle-ci à venir mettre le holà. Les nègres, à qui la leçon a été faite depuis longtemps, lui répondraient : « Le Sud n'a pas voulu se soumettre à la loi des majorités; vous l'avez écrasé avec notre concours. Aujourd'hui, que nous sommes libres, aujourd'hui que nous exerçons, dans nos Etats, nos droits de citoyens, aujourd'hui que le pays est rentré dans le calme et la légalité, respectez la loi des majorités. Nous ne pouvons reconnaître une dictature qui n'aurait de terme que celui de notre existence comme race. »

Que répondrait M. Johnson?

Il paraîtrait que M. Johnson n'a pas voulu se mettre dans une position aussi difficile; son abolitionisme ne va pas jusqu'au radicalisme républicain; à une députation de gens de couleur qui réclamaient les droits civiques, il aurait renié sa dictature révolutionnaire, au point de dire, à ces pauvres égarés, que cette décision importante ne pouvait être prise que par la législature particulière de chaque Etat. Amère dérision, puisque les membres de ces assemblées ne sont autres que des planteurs dépossédés; odieux faux-fuyant, puisqu'après avoir violé le droit des Etats, on en est réduit à l'invoquer par impuissance d'empêcher le mal; immense reculade, dont l'effet moral est de prouver que l'abolitionisme doute de sa vertu, et que son dictateur doute de l'efficacité de sa dictature.

A cette indigne réponse, les noirs et leurs *meneurs* ont

riposté par une protestation ; en fait de logique, le nègre l'a emporté sur le blanc.

« A quoi nous a servi de verser notre sang pour la sainte cause, pour notre cause dont vous aviez fait la vôtre? Nous vous avons suivis et vous nous abandonnez.

» Vous savez que jamais les législateurs du Sud ne consentiront à ce que leurs anciens esclaves deviennent leurs égaux; vous savez qu'ils s'indignent à la pensée que nous jouissions des droits civiques; vous n'avez pas oublié que, en présence des vexations journalières, vous avez dû nous autoriser à porter des armes. Vous nous faites, il est vrai, donner de l'instruction; mais si vous nous laissez dans la position qui nous est faite, c'est moins un droit dont nous jouissons, qu'une aumône qu'on nous accorde. Vous vous trompez si vous pensez que le temps, rien que le temps, puisse apporter un remède à notre fausse situation. A l'inconvénient d'être noirs, se joindra celui d'être considérés comme d'éternels enfants, pauvres enfants et enfants de pauvres. Ah! rien n'est fait pour l'égalité, tant qu'il reste quelque chose à faire. Usez donc du pouvoir dont vous vous êtes revêtus en notre nom, et de la victoire dont nous avons contribué à vous couronner : faites de nous des hommes au complet, et n'admettez pas au sein d'un république modèle, pour peu que vous croyiez à vos principes, ce qu'admettait, nous a-t-on dit, un grand peuple de l'antiquité, une distinction entre l'homme libre de naissance, et l'homme devenu libre par les circonstances. Ne penseriez-vous pas que l'homme soit libre en naissant?

» Et pourtant, nous sommes modestes dans nos désirs. En supposant que vous nous reconnaissiez le droit d'être citoyens, quelle est la liberté dont vous nous gratifiez? Une liberté à la disposition de laquelle vous ne mettez pas de capital disponible qui soit égal à celui que nous avons gagné. N'aurions-nous pas droit à une portion de ces terres que nous avons cultivées, à un coin de ce sol que nous avons arrosé de notre sang sous le fouet, et de nos sueurs sous le soleil. Vous nous proposez d'émigrer, vous nous offrez des terres ailleurs; mais jamais elles ne seront, pour nous, ce que sont celles où nous avons souffert. On ne sent l'indépendance qu'à l'endroit où l'on fut esclave. Shermann, le grand Shermann le comprenait ainsi, lorsqu'il nous distribuait des terres. N'arrêtez point les bons sentiments de tous ceux qui veulent agir comme lui. Vous avez la dictature; usez-en donc pour le bien de l'Union, qui est notre patrie, pour la concorde de tous ses enfants qui sont nos frères. »

Que répondre à cela, quand on est le chef d'un mouvement radical? Si l'on ne fait que baisser la tête, c'est qu'on est près de la perdre... Je veux dire de devenir fou et traître à son parti.

Mais voici qu'aux paroles et aux tendances succèdent les faits.

Quelle sera la réponse à l'égard des blancs qui se plaindront de l'insolence des nègres? — Des coups de carabine.

Celle à l'égard des nègres qui réclament contre les vexations de leurs anciens maîtres? — Encore des coups de carabine.

Celle à l'égard des blancs qui refuseront de reconnaître des citoyens dans les affranchis, dans ces frères par le sang que l'on a déjà décimés? — De rechef des coups de carabine.

Celle à l'égard des malheureux noirs qui réclameront l'exécution d'un programme, d'un credo, à l'égard de ces malheureux dont on a fait des frères de convention ? — Et toujours, en réitérant, des coups de carabine.

Quelle jolie situation pour un pays qui fut une république !

Les abolitionistes comprennent qu'ils ne peuvent échapper à ce dilemne brutal : tomber dans le sang, s'ils avancent, — tomber dans le sang, s'ils reculent.

« Un moyen ! un moyen ! s'écrie ce cher M. Johnson, dans l'agitation de la fièvre. »

— « Le moyen d'en sortir, je l'ai trouvé. »

Qui a prononcé ces mots ? Est-ce le président dans son délire ? Pourvu qu'il se le rappelle, lorsqu'il aura le sang rassis.

Est-ce M. Seward ? Pourvu qu'il soit aussi bon que le style de ses dépêches est poli.

Est-ce un général heureux ? Pourvu qu'il sente la justice et non la fumée du canon.

Est-ce tout simplement un fidèle entre les fidèles, un haut meneur entre les hauts meneurs, un Smart entre les Smarts ? Comme toujours, un malin entre les malins.

N'importe, nous donnerons l'explication du grand moyen, dont le premier mérite a été de rendre incontinent la santé à M. Johnson.

« Une diversion, Messieurs, peut seule nous tirer du mauvais pas où nous nous sommes mis Cette diversion est une guerre avec l'étranger.

» La gloire est une distraction fort utile en certains

moments; la nation, oubliant ses préoccupations intérieures, nous aurons ainsi le temps d'aviser à des difficultés qui nous paraissent, pour l'instant, insurmontables

» On discute la moralité de nos succès à l'intérieur, personne ne songera à ternir l'éclat de nos triomphes, lorsqu'ils seront remportés sur l'étranger. Dans la guerre, nous puiserons une nouvelle influence, influence qui, cette fois, ne pourra être discutée. Nos principes nous ont forcé d'engager la lutte avec le parti démocrate ; rallions-le autant que possible, en adoptant quelque chose de son programme : l'expansion territoriale. Nous referons ainsi l'esprit public à notre profit ; et quand, plus tard, nous serons forcés d'agir à l'intérieur, on nous pardonnera d'autant plus facilement nos retards, nos fautes et nos violences, que nous aurons jeté plus d'éclat sur le pays, ajouté plus d'étoiles à notre firmament flottant.

» Combien le moment est favorable ! Nous avons, au sortir de la guerre la plus gigantesque qui ait jamais étonné l'univers, nous avons sous la main la première armée du monde, bien disciplinée, bien dirigée, bien homogénéisée. Nous avons la première artillerie du monde, des canons à démolir un continent. Nos arsenaux, approvisionnés comme pas un, regorgent de tout ce dont auraient besoin, pour être renouvelées, ravitaillées ou réparées, vingt flottes comme celles de l'Angleterre. Nos soldats ne peuvent rencontrer de rivaux : on se souvient de notre campagne du Mexique; notre modération civique nous impose le devoir de taire les champs de bataille qu'ils viennent de quitter. Ce sont bien les dignes fils de ceux qui ont vaincu, à la bataille de la Nouvelle-Orléans, les vainqueurs de Waterloo, les vainqueurs des vainqueurs du monde. Ce sont des hommes à mettre le diable en fuite, si ce généralissime de l'Ancien Monde osait déployer en ligne, devant nous, ses légions rouges ou bleues, mais non noires, ainsi qu'on l'a injustement prétendu.

» Nos armes sont supérieures à toutes les armes connues, tant pour la cavalerie que pour l'infanterie. Nous avons le mousquet-revolver, la carabine-revolver, le pistolet-revolver à douze coups, le sabre à poignée-revolver, et le canon-revolver électrique. L'un de nos amis est en train de perfectionner une invention pour laquelle il veut prendre une patente: il s'agit d'adapter, au poitrail des chevaux, un revolver qui fasse feu à la pression des genoux du cavalier. Qui peut nous résister ? La destruction nous précède, la victoire nous couronne toujours, et la liberté nous suit.

» Nos ports sont protégés par nos béliers cuirassées, et par des bouées qui ne sont pas de sauvetage. Notre flotte incomparable et nombreuse, a été construite par les plus grands ingénieurs; nos machines à vapeur par les plus habiles mécaniciens... Nous sommes prêts, Messieurs, tandis que (chose importante à vous signaler), le *Frolic* a pu, dans son excursion, constater que la plupart des ports de commerce, en Europe, sont sans ouvrages qui puissent les protéger,

» Qui donc peut lutter contre les Etats-Unis ? Songeons, my dear gentlemen, que leur force devient celle de notre parti, si nous savons la lancer à propos.

» L'argent est, dit-on, le nerf de la guerre. Ce pouvait être vrai dans l'Ancien Monde; dans le nôtre, c'est le papier, oui, le papier..... fiduciaire. En France, on évalue notre dette, et c'est assez vrai, à quatorze milliards trois cent et quelques millions. Ce chiffre qui effraie les anciens de l'Ancien Monde, n'est rien pour nous. D'ailleurs, l'Amérique toute entière, et je m'entends quand je parle ainsi, est là pour répondre de notre dette. D'ailleurs, le peuple qui fait banqueroute à ses créanciers, ne fait pas faillite à ses destinées. Les nôtres sont immenses, et qu'est-ce que des pertes d'argent auprès de l'influence dont le pays enrichira ses citoyens. En ce cas, la banqueroute n'est qu'une avance faite à l'avenir. — Notre dévouement patriotique est tel qu'il n'est pas un créancier de l'Etat qui ne soit prêt à le demander. Il oubliera qu'il a prêté.

» La guerre étant décidée, à qui allons-nous la faire ?

» Sera-ce à l'Espagne? Non, quand bien même le succès nous livrerait l'île de Cuba, cette île si chère aux anciens démocrates. Les noirs de chez nous nous donnent assez d'embarras pour que nous ne nous chargions pas, pour l'instant, d'émanciper ceux des autres. *Laissons l'Espagne guerroyer contre tous ses intérêts avec les Républiques du Sud. Laissons au vieux Missisipi le soin d'achever, avec son limon, la chaussée sous-marine qui doit nous conduire à pied sec jusqu'au Moro !*

» L'Espagne peut dormir tranquille, ce n'est point son tour.

» Sera-ce à l'Angleterre? Nous pourrions, en effet, lui demander des comptes, à propos des corsaires confédérés équipés dans ses ports. Nous pourrions lui enlever le Canada ; mais, toute réflexion faite, sa marine est fort puissante, et de plus le Bas-Canada ne nous aime guères. A plus tard, cette partie sérieuse! Contentons-nous de ré chauffer, dans les plis de notre drapeau, l'indépendance de l'Irlande. C'est en sauvant un peuple, c'est en l'arrachant aux griffes de l'Angleterre, que nous nous vengerons de ses bontés pour nos ennemis.

» Et puis, voyez-vous, la querelle une fois engagée avec l'Angleterre, je craindrais qu'elle ne restât pas longtemps seule; elle a, pour voisine, une nation généreuse qui se ferait un orgueil d'aider sa rivale, un devoir de secourir son alliée. Plus tard, nous songerons à l'Angleterre, quand il s'agira d'y renouveler la descente où Wilhem a réussi, où Napoléon a échoué. Attendons encore.

» Sera-ce au Mexique? Oui, au Mexique indirectement, mais directement à la France, puissance qui, en le régénérant, voudrait l'arracher, non-seulement à notre influence, mais à notre prochaine conquête. Pour nous opposer à l'intervention de la France, n'avons-nous pas la doctrine de Monroë? D'après l'avis de ce grand homme, nul Etat d'Europe n'a le droit de s'immiscer dans les affaires de ce continent. Ceci est un point d'autant mieux établi, et un aperçu d'autant plus juste, que toute autre doctrine qui pouvait être vraie, quand nous avions besoin de la France, ne l'est plus aujourd'hui.

» Nous y sommes les plus forts que nous espérons bien en devenir les maîtres et les régulateurs. Ainsi le veut le destin.

» Comment appellerai-je autrement cette force invincible qui nous entraîne vers Panama, cette voix qui nous crie de prendre l'entre-deux mers, afin d'y tracer une route à nos flottes, afin d'assurer, sur l'Atlantique et sur le Pacifique, la suprématie de notre pavillon. Même avec des flottes inférieures, nous pourrons, par une concentration rapide, être les maîtres dans l'un ou l'autre hémisphère.

» La France nous a rendu des services, dira-t-on, c'est possible ; mais pourquoi se trouve-t-elle sur notre chemin ? A l'égard d'un enfant, comme à l'égard d'un peuple jeune, je n'admets pas de reconnaissance qui aille jusqu'à étouffer la croissance.

» Dans le cas présent, la France défend, dit-on, le droit des gens : c'est encore possible, s'il s'agit du droit des gens tel qu'on le comprend en Europe, dans le Vieux Monde ; mais, dans le Nouveau, le droit des gens c'est notre intérêt, s'appuyant sur la liberté de notre force, et sur la force de la liberté. Nous n'annexons que pour créer des étoiles.

» Que parle-t-on de reconnaissance, ou de droit des gens, quand une République, notre sœur et notre voisine, succombe, quand un principe, le seul vrai, notre principe vital, est écrasé par le despotisme *d'un aventurier;* quand un grand homme, qui tient de Washington et de Franklin, Juarez, est forcé de venir s'asseoir à nos foyers, et d'y rapporter le feu sacré de la liberté, le feu de la grande vestale américaine.

» Tout nous encourage à cette guerre, tout, même la presse française : elle ne peut dire tout ce qu'elle ose penser, mais à la répugnance qu'elle a témoignée contre l'expédition de son gouvernement, mais à l'insistance qu'elle met pour le rappel des troupes, on croirait qu'une communauté d'idées établit, entre nous et ses publicistes, un lien assez fort pour qu'ils oublient l'intérêt de leur propre pays. A nous de profiter de leur aveuglement ou de leurs complaisances. Chose étrange à constater : dans un pays autrefois si patriote, ils sont parvenus à créer, dans l'opinion, une telle débandade que l'Amérique semble avoir déjà moralement conquis la France. Profitons, sans plus tarder, de notre ascendant, et peut-être aussi d'un autre sentiment, naturel à tous ceux qui ne cessent d'admirer ; qui sait si nous ne faisons pas un peu de peur là-bas ?

» Combien il serait fâcheux que la France vînt à reculer ! Non : loin de nous cette pensée décourageante ; elle ne le peut au nom de son honneur. Nous aurons donc encore une grande guerre ; nous emporterons donc encore de grandes victoires ; nous répandrons sur notre drapeau des étoiles, mais des étoiles que ce sera plus beau que le firmament ; et nous acquérerons une gloire, mais une gloire, que ce sera comme une bénédiction tombant du ciel sur tout ce que nous avons fait et sur tout ce qui nous reste à faire.

» Si cependant la France consentait à abandonner le Mexique, en nous le cédant, sinon ostensiblement du moins tacitement, par son évacuation, nous saurions bien nous y ménager une petite guerre qui nous offrirait tous les bénéfices d'une grande ; une simple promenade militaire nous conduirait à Mexico, à travers les bandes cléricales qui se dissiperaient sur notre passage comme des nuages tombant en pluie. Un prince de plus fuirait devant la République, et, le premier chef progressiste venu, après un prononciamento bien payé, proclamerait qu'afin de se mettre à l'abri de toute invasion ultérieure, la nationalité mexicaine s'unit à la nationalité yankee. Nous sommes Américains, ils sont Américains ; nous nous embrasserions et nous nous chargerions ensuite de prouver aux populations comment l'aigle américain est bien le même que l'aigle mexicain, qui étouffe et déchire le serpent de l'anarchie. Cette annexion nous offrirait à distribuer aux affranchis des terres nombreuses, des terres situées sous une latitude qui leur est propice, un milieu social qui est assez sympathique aux gens de couleur, et, dans un temps assez court, des revenus de douane qui nous aideraient à payer nos dettes et même celle du Mexique, si nous nous nous décidons jamais à payer quelque chose.

» Cette combinaison serait fort possible à nos yeux ; elle serait même désirable, dussions-nous payer à la France toutes ses avances, et lui promettre de grands avantages commerciaux. Que dis-je ? elle se ferait, si la France raisonnait comme nous, si cette nation avait des principes conformes aux nôtres. Nul doute que la Providence qui connaît nos voies, ne lui impose le poids d'un refus, et ne nous en réserve tout l'avantage.

» Son obstination nous épargne peut-être bien d'autres difficultés. Sûrement, les anciens esclavagistes se plaindraient de ce qu'on les prive de la main-d'œuvre ; d'un autre côté, les affranchis, au nom du pays natal, se montreraient-ils très empressés à s'expatrier ? Eh bien, puisque le sang est à répandre, tirons du sang tout ce que notre alchimie politique peut en tirer.

» Au nom de la patrie, au nom de la doctrine Monroë, nous pousserons sur les champs de bataille, les noirs et les blancs, les démocrates ruinés du Sud et les affranchis non satisfaits. Moins il reviendra de sudistes, noirs et blancs, moins nous aurons d'embarras.

» Voyez quel concours étrange de circonstances et quelle

habileté dans nos plans ! C'est aux sudistes pour lesquels la France s'est montrée assez sympathique, c'est aux nègres pour lesquels la France n'a jamais été cruelle, que nous nous en remettons du soin de la battre comme il faut. C'est aussi à la France qu'incombe le soin de nous en débarrasser, en plus grand nombre qu'elle pourra. Ainsi le veut la Providence, dont nos résolutions ne sont que les décrets, dont nos bras ne sont que les instruments. Sans attendre la fin de la guerre et les jours du triomphe, nous demandons que le jour où elle sera déclarée devienne un jour d'actions de grâce : ce sera d'un excellent effet.

» Nous laissons à l'honorable M. Seward le soin d'entreprendre la campagne diplomatique et d'embrouiller les questions pendantes, de telle sorte que sa conclusion finale soit, conformément à nos désirs, une bonne déclaration de guerre.

» L'officiel le concerne ; mais en dehors de l'officiel, il est d'autres moyens dont nous pouvons user : il existe des sentiments populaires que nous pouvons exploiter. Notre politique n'admet-elle pas tacitement, à l'égard de l'étranger, une coutume qui ressemble assez à la loi de Linch ? Oui, une explosion du sentiment national assez ressemblant à l'indignation produite par le crime, un de ces mouvements flibustiers qu'explique l'indignation républicaine, en présence de la terre américaine envahie et d'une république abattue.

» Organisons à la Nouvelle-Orléans, d'où il sera facile de les transporter à Brownsville, des compagnies d'émigrants pour le Mexique. Une fois les premiers aventuriers arrivés sur les bords du Rio-Grande, nos raccoleurs trouveront bien un régiment noir, dans lequel ils recruteront facilement quelques bras de plus. Un beau jour, ou une belle nuit, nous lançons notre bande, armée jusqu'aux dents, sur une bourgade mexicaine. Le gouvernement n'y est pour rien ; il ne faut voir, dans ce fait, qu'une protestation populaire, qu'un accident que toute la bonne volonté fédérale ne peut empêcher. Nous apprenons ainsi à la France qu'elle ait à tenir compte de la magnanimité d'un gouvernement qui, au risque de perdre sa popularité, négocie encore au lieu d'agir.

» Si, par hasard, un retour offensif des troupes impérialistes venait à livrer nos flibustiers à l'étranger, si quelques-uns de nos amis étaient ou fusillés ou pendus, pourquoi vous dirais-je que ce serait tant pis, quand je pense que ce serait tant mieux ? Quel puissant effet dans le pays ! Quelle mort féconde pour l'avenir ! Quel mouvement de fureur dans notre armée blanche et noire ! Notre gouvernement serait dans le droit de s'écrier : — Je n'y puis rien : je viens du peuple, je marche avec le peuple, et le peuple m'emporte !

» Nous n'admettons cette supposition que dans le cas où nos hommes seraient victimes d'une surprise, d'un guet-à-pens que nous leur saurons éviter. A notre instigation, quelques résidants américains du bourg envahi imploreront, au nom de l'ordre, l'intervention des troupes cantonnées sur le Rio-Grande. Nous céderons ostensiblement à leurs instances, comme la France, en allant au Mexique, a cédé à celles des siens ; tacitement au besoin de protéger nos aventuriers. — Sur les réclamations du

Mexique et de la France, on se retire. A la demande de punir les coupables, on répond que les uns ont été fouettés dans leurs régiments, que les autres se sont échappés; qu'un général a été destitué; qu'à l'avenir il sera défendu de former à la Nouvelle-Orléans aucune nouvelle compagnie d'émigrants pour le Mexique. Qu'importe une promesse que nos lois nous défendent de tenir? D'ailleurs, la démonstration a été faite, et notre gouvernement peut arguer en sa faveur de la force inévitable qui l'entraîne sur le champ de bataille. En cas d'un revers, chose impossible, notre exécutif et notre parti seraient toujours à même d'en faire peser la responsabilité sur le peuple, sur le Congrès, sur les généraux, que sais-je encore sur qui! Quoique nous ne soyons nés que d'hier, il n'est diplomate européen qui puisse nous en remontrer.

» Oh! personne ne peut lutter contre nous par la force ou par la finesse : nous avons la conscience que, dans les temps modernes, nous recommencerons Rome. Une aventure terminée amène une aventure; une conquête en exige une autre; le vide de nos rangs se comble par l'émigration; nous absorbons les petits pour être les plus grands. Avant d'être quarante millions, nous serons à Panama; avant d'être quatre vingts, nous aurons l'Amérique du Sud; et, quand nous serons cent soixante — comme nous ne sommes pas des Chinois — il n'est peuple de la terre dont nous ne soyons le suzerain par la force, dont nous ne soyons le modèle par la pureté de nos mœurs, par la douceur de nos habitudes, à cause de la régularité de nos institutions, à cause de notre profond respect des droits de l'homme et du citoyen, à cause de notre manière large d'interpréter Dieu par la nature et la nature par Dieu. A cette époque, l'Europe sera Russe, l'Asie sera Russe, l'Afrique sera Russe. Nul doute qu'avant de disparaître, la France et l'Angleterre auront demandé notre assistance; nul doute aussi qu'elles ne seront mortes, que parce que nous la leur aurons refusée. Nous jetterons un coup d'œil de tristesse sur les pages de leur histoire et sur leurs places vides au soleil. *Sunt lacrymæ rerum*, dirons-nous avec le poète qui chanta le voyage des premiers pionniers romains. Mais nous nous consolerons en songeant qu'ainsi le voulait notre logique, celle de la Providence. Après avoir refusé, dans les temps, à l'une d'elles le droit d'intervenir dans le Nouveau-Monde, nous n'eussions pas eu bonne grâce à venir nous mêler aux querelles de l'Ancien-Monde, monde décrépit, dont nous avions répudié les vices et les faiblesses.

» Bref, il n'y a que deux nations possibles dans le monde: la Grande République, où la liberté c'est l'ordre ; et la Russie, où la force c'est la raison.

» Hurrah! pour la guerre contre la France et le Mexique! nous y gagnons le Mexique, et quelque chose de plus.

» Hurrah! pour la guerre, pour une guerre quand même! elle servira de diversion à nos peines intérieures. »

Telle est en Amérique l'opinion des Malins, des Smact-Fellows. J'ai assisté à trop de meetings pour ne pas connaître ce qui se dit actuellement, au coin des rues, entre gens fort sérieux, et ce qui se crie dans les Bar-Rooms, le matin, en prenant le gin-cock-tail; le soir, après avoir bu trois ou quatre whiskey-toddy. — Nous connaissons leur politique et leur éloquence.

Telle est aussi la façon dont a été complotée et conduite l'affaire de Bagdad. — Il n'est pas un de nos hommes d'Etat en France qui soit la dupe des Américains ; malheureusement le public, qui ne sait pas ce que notre gouvernement sait, ne soutient point assez le pouvoir. Si le jour se faisait sur ce peuple, il n'y aurait qu'un cri de réprobation.

Nous tous, sur qui pèse ce passé fécond en péripéties révolutionnaires, nous possédons une sorte de sagesse, fruit de l'expérience, une froideur que l'on prendrait souvent pour de l'abattement. Nous avons eu nos revers, soit dans la guerre, soit dans les négociations ; les Américains n'en ont encore jamais éprouvé. Cela tient, suivant moi, moins à leur sagesse qu'à l'heureux concours de trois circonstances : leur éloignement, l'exagération de leurs mérites et la rivalité entre certaines nations d'Europe. Il en est résulté une confiance immense en eux, à tel point qu'ils se croient infaillibles dans le droit humain, comme les Papes dans le droit divin. De là naît une énergie que rien n'arrête. On en arrive à se rappeler involontairement le mot de Talleyrand, mot bien digne d'un grand seigneur, tant il est insolent, mot charmant quoique brutal, tant il est vrai à certains égards. Il est trop absolu et trop violent pour trouver place ici.

Dans les dépêches que le gouvernement américain a échangées avec celui de l'Empereur, au sujet de la reconnaissance de l'Empire du Mexique, l'esprit dont nous avons dénoncé les tendances perce à chaque mot ; le ton, quelquefois peu convenable, indiquerait le besoin d'amener une querelle (toujours d'après le système usité là-bas, où l'on se fait souffleter pour avoir le droit de tuer sur place) ; la faiblesse des motifs, allégués à l'appui du refus, explique la gravité de ce qu'on ne dit pas. Il n'y a de sous-entendu que le *nominor leo.*

« Tenez, mon cher Monsieur Seward, usant de cette familiarité dont j'ai contracté l'habitude dans votre pays, permettez à un homme qui ne sait faire la phrase comme un académicien, ni peser les mots comme un diplomate, mais qui a une certaine expérience des choses de votre monde et d'ailleurs, permettez à cet homme, trente-huit millionième partie du peuple français de répondre amicalement à vos dépêches et de traiter la question, de citoyen français à citoyen yankee.

« Et d'abord, il me semble que vous vous montrez plus exigeant que vous ne l'étiez il y a quelque temps. Lorsque le Sud était en armes, vous étiez plus accommodant. Si vous n'alliez point jusqu'à approuver notre intervention, vous daigniez au moins la comprendre. De la part d'anciens alliés, ce silence était plus que suffisant. Du reste, autant il était de notre dignité de ne pas reconnaître notre suprématie en Amérique par le seul fait de demander votre approbation pour tous nos actes subséquents ; autant il eut répugné à notre loyauté de profiter de la pression des événements pour obtenir des déclarations plus positives. Nous avons agi de bonne foi, mais, vous, l'avez-vous fait ?

» Passons : ceci se voit tous les jours de la part des vieux gouvernements dont votre jeune République en est à suivre les mauvais exemples.

» Prétendrez-vous que, sans votre guerre civile, jamais nous n'aurions osé ce que nous nous permettons aujourd'hui ? A cette assertion peu flatteuse, nous pourrions répondre avec aigreur, que votre hardiesse vient de l'éloignement. Contentez-vous de vous rappeler ceci. Quand le gouvernement, qui payait l'indemnité Pritchard, a bombardé et pris Saint-Jean d'Ulloa, le gouvernement de l'Empereur peut faire quelque chose de plus, quelque chose de mieux. Pour la cause de l'honneur et pour celle du droit, pour celle la patrie et pour celle de l'humanité, il n'est rien qu'il ne puisse entreprendre.

Un bon sceptre, au bout d'un bon bras,
Peut atteindre aux bornes du monde.

» Arrivons de suite aux points essentiels de notre dissentiment. Nous sommes venus, et c'est là votre grand grief, renverser au Mexique, dans un pays voisin du vôtre, un gouvernement régulier. Jamais, en mettant le pied sur le sol mexicain, nous n'eûmes de telles intentions. Seulement, le gouvernement auquel nous avions des réclamations à adresser était si peu régulier, si dictatorial, si oligarchique, qu'à notre arrivée la majorité du pays en a proclamé la déchéance, d'abord sur les champs de bataille où elle combattit à nos côtés, plus tard dans une assemblée de notables où elle s'est choisi un Empereur. Et certes, vous ne pourrez pas dire qu'eu égard à l'état du Mexique cette assemblée ne fut l'expression des vœux du pays ; vous ne pourrez pas dire non plus qu'elle ait obéi à quelque pression dans le genre de celle qu'exercent chez vous, autour des urnes, les *rowdies* armés de coutelas et de revolvers. Vous vous intéressiez à ce gouvernement parce qu'il était républicain, c'est possible ; pour nous et pour le Mexique, la forme gouvernementale n'a de prestige qu'autant qu'elle offre des garanties d'ordre et de stabilité. Fêtez l'ex-président Juarez, mais respectez le Mexique.

» En vrais fils de Cincinnatus et de Fabricius, vous vous êtes servis, à propos d'un Empire que vous ne vouliez point reconnaître, d'une expression rustique, peu juste et nullement diplomatique. Les faits ont prouvé que nous n'avions point *planté* un Empire au Mexique ; il y a poussé de lui-même. En supposant même que nous ayons aidé à sa plantation, écoutez bien ceci : toutes les fois que la France a planté l'arbre de la liberté, l'arbre de la République, elle n'a guère réussi ni chez elle ni chez ses voisins ; la souche, brûlée dans ses racines par un sol volcanisé et trop chargée de bénédictions plus ou moins catholiques, a été renversée au moindre souffle de vent. De ce que nous avons réussi chez vous — et nous ne nous en félicitons pas toujours — nous ne pouvions pas affirmer que nous eussions été aussi heureux au Mexique. Mais par d'autres fois et en d'autres lieux, quand, après avoir étudié le terrain et les courants électriques de l'atmosphère ambiant, la France a planté l'arbre de l'autorité, suffisamment étayé par le libéralisme, et suffisamment éloigné des goupillons, elle a réussi. Cet arbre grandira au Mexique comme il grandit chaque jour en Italie.

» Serait-ce que la présence d'un Empire sur vos frontières vous cause vraiment des inquiétudes ?

» Eh ! de quel genre seraient-elles ?

» Craignez-vous que l'esprit d'ordre n'entre chez vous comme une marchandise de contrebande? Elle offre donc bien du danger pour votre organisation, la vue d'un Etat administré avec sagesse, avec fermeté, avec dignité au dehors, avec sécurité au-dedans? Plus heureux que qui que ce soit dans l'univers, vos concitoyens ne peuvent avoir rien à envier à des voisins devenus vertueux sans pruderie, sobres sans ridicule abstinence, fiers sans morgue, commerçants sans rapacité, libres sans licence, braves sans ambition, religieux sans piétisme hypocrite, respectueux pour les droits d'autrui et jaloux de faire respecter les leurs. Les écrivains, qui parlent de vous, nous auraient bien trompés, si vos concitoyens n'étaient pas déjà tout cela. Et cependant, à vous entendre, on croirait que, gagnés par la contagion impérialiste, vos compatriotes seraient prêts à renoncer à tous les avantages qu'offre la République, et à se placer à l'ombre d'un trône. N'affectez donc point une vaine anxiété : tout le monde rit de votre duplicité en vous voyant jouer au malade imaginaire.

» Craignez-vous que l'émigration européenne dont la misère industrieuse vous apporte la richesse, ne prenne le chemin du Mexique? Quel mal y verriez-vous? A plusieurs reprises, j'ai déjà entendu se plaindre du haut prix de la terre, et même du gouvernement fédéral qui avait laissé accaparer les meilleures terres publiques par de grandes compagnies de spéculateurs. Quoique les lots vacants soient encore nombreux, tenez compte de ce symptôme : n'appelez pas de tous vos vœux, à moins que vous ne vouliez créer une pépinière de soldats, une émigration dont le mélange n'est pas toujours salutaire, malgré toutes les peines que vous prenez pour vous l'assimiler par une instruction sommaire. En ménageant la terre, vous garderez du temps devant vous, et vous arriverez ainsi sans trop de secousses, à la connaissance des grandes lois que recèle l'avenir. Vous vivrez heureux, tandis que la faim nous poussera à la découverte de l'ordre vrai dans les sociétés humaines. Vous vivrez heureux sans passer par les mêmes crises que nous; et, plus tard, quand la lumière sera faite, vous appliquerez, en tant qu'il sera nécessaire ou possible à votre milieu plus jeune, la solution définitive des grands problêmes moraux et sociaux.

» Dans le voisinage d'un empire, vous voyez pour vous une cause de dépenses extraordinaires.

» S'agirait-il, dans votre pensée, d'entretenir sur les bords du Rio Grande, une armée de trente à quarante mille hommes, ayant toujours l'arme au bras? A quoi bon tout cet attirail guerrier? Un Etat qui songe à se reconstituer, un Etat dont les parties passées entre vos mains sont complétement américainisées, un Etat qui compte à peine, sur une immense superficie, le quart de votre population, ne peut, en bonne conscience, vous causer le mal de la peur. Entretenir, sur votre frontière, une armée qui vous protége, c'est donc un luxe superflu. S'il s'agit d'établir un sérieux cordon de douanes, c'est une autre affaire. Ici nous reconnaîtrons la vérité de l'axiome : chacun chez soi, chacun pour soi. Comme le Mexique, une fois pacifié, pourrait devenir le grand chemin d'une contrebande très active, c'est à vous de vous protéger chez vous. Soyez persuadés que l'Empereur Maximilien en fera autant de son côté : douaniers sédentaires, douaniers ambulants, brigades volantes à pied, brigades volantes à cheval, agissant sur plusieurs kilomètres en largeur et longueur, divisées en plusieurs zones parallèles, feront respecter l'industrie renaissante au Mexique, jusqu'au moment où il pourra, sans craindre la concurrence, s'entendre avec vous sur des bases libres-échangistes. Franchement, quoi de plus juste! Dans l'établissement d'un cordon douanier, plus sérieux et plus complet que celui qui existait naguères, avant que l'armée américaine en tînt la place, il n'y a pas assurément pour vous une cause de ruine. Peut-être le trouveriez-vous moins cher à établir, s'il s'agissait de l'isthme depuis Chagres jusqu'à Panama, nous n'en doutons pas Nous ne le nions pas, s'il s'agit de l'espace à clore; mais nous affirmons le contraire, si nous songeons à ce qu'il vous en coûterait d'hommes et de dollars, avant d'être rendus là.

» Et cependant vous tenez à cette idée, je le sais. Dans les pauvres raisons que vous donnez contre la reconnaissance de l'Empire du Mexique, on lit votre pensée toute entière.

» Répondons au plus vite à ce que vous ne dites pas, à ce qu'un reste de modération, de modestie, de pudeur vous empêche d'avouer. En vous réfutant, j'aurai le courage de vous démasquer, dussé-je, aux yeux de tous ceux qui vous prônent, passer pour un anti-libéral, un anti-progressiste, un anti-républicain, pour un sacrilége, pour un blasphémateur.

» Vous désirez que la France évacue le Mexique, parce que notre occupation momentanée est la garantie de sa régénération, et parce que, le Mexique, une fois pacifié, tous ces grands projets s'évanouiront. Vous êtes le voisin d'un homme qui bâtit sur son terrain un mur pour sa sûreté et une maison pour son abri ; le mur vous enlève la perspective, la maison vous porte ombrage : vous ne voulez rien laisser édifier chez le voisin. Bah! en vertu du droit des gens, en vertu de toutes les coutumes, en vertu de tous les codes, charbonnier est maître chez lui ; le voisin est fondé à bâtir sur sa propriété, et il y bâtira de par un habile architecte qui s'appelle l'Empereur Maximilien, et de par un habile entrepreneur qui se nomme..... faut-il vous le dire? — le gouvernement français.

» Si nous avions la faiblesse, je ne veux pas m'exprimer autrement, d'abandonner le Mexique avant que fût parachevée la tâche que le hasard nous a imposée, l'anarchie et la vertu républicaine de l'ex-président Juarez le livreraient à votre merci. Cette fois, vous ne vous arrêteriez à Mexico que pour reprendre haleine ; vous iriez tout d'une traite jusqu'à Panama, sauf à chercher querelle à l'Angleterre à propos de territoire des Mosquitos. Si vous aviez personnellement cent cinquante ans à vivre, votre ambition aussi complète que celle de votre nation, me forcerait à plaider devant vous la non-annexion des Guyanes, du Brésil et du reste, jusqu'au Cap-Horn.

» Aller jusqu'à Panama vous paraît, je crois, suffisant pour le quart-d'heure. Il n'y a qu'un inconvénient, c'est que ce beau plan ne se réalisera, ni aujourd'hui, ni demain, ni dans ce siècle, ni dans deux, sans une certaine résistance.

» Votre but étant de vous emparer des vallées et des gorges, des fleuves et des lacs, à l'aide desquels on pourrait établir plus tard un passage inter-océanique, nous

nous y opposerons, et d'autres s'y opposeront aussi, par la raison que cette œuvre doit être commerciale et non politique, financière et non militaire, humanitaire et non exclusivement patriotique; par la raison que, pour la balance de tous les intérêts, le gardien de cette grande route doit être un peuple placé sous la sauvegarde de toutes les nations, assez fort pour résister à un premier choc de flibustiers et pour attendre les secours de tous les autres peuples.

» Vos habitudes de violence, vos prétentions à la domination universelle sur le Nouveau-Monde et, par suite, sur l'Ancien, nous imposent une grande défiance et un devoir sacré. Songez bien que la conscience de la force fait oublier l'idée du droit, et que l'orgueil peut égarer la tête des peuples aussi bien que monter celle des souverains. Arrivés par la violence au pays en question, vous y domineriez par la violence. Sur l'un des grands chemins de l'humanité, vous établiriez, en temps ordinaire, une ligne de vexations qu'il faudrait subir, un péage tellement élevé pour les étrangers, tellement bas pour vos nationaux, qu'il deviendrait un monopole. En temps de guerre, ce serait une route stratégique pour vos vaisseaux, une sorte de chemin couvert qui vous permettrait de jeter toutes vos flottes, tantôt sur un hémisphère et tantôt sur un autre. Nous autres qui voyons les choses de trop haut pour ne pas comprendre ce qu'il importe de sauvegarder, nous combattrons contre vous, si vous nous y contraignez, au nom de l'équilibre du monde, tout comme nous avons combattu, sous nos rois, pour celui de notre continent. A cette époque, nous étions déjà démocrates sans le savoir. Et nous ne serons pas les seuls :

les peuples suivront l'empereur Napoléon III du moment où il aura exposé et sa pensée et le danger. L'Empereur a tout prévu, songez-y. Votre isolement fera votre faiblesse : ce sera tant mieux pour l'humanité, dont nous servirons la cause; ce sera tant pis pour vous chez qui la liberté individuelle a dégénéré en un égoïsme sans frein ; ce sera tant pis pour la grande République, dont les enfants, trop enorgueillis par des succès sans revers, ne se doutent pas qu'il existe une République plus grande que la leur, — une République d'origine divine celle-là, — une République contre laquelle n'a pu prévaloir la légion romaine, — la République humaine, celle qui se compose de toutes les individualités nommées nations. Prenez garde, M. Seward, que votre peuple ne supporte les conséquences terribles de toutes ses erreurs volontaires ; prenez garde que Napoléon III ne devienne le soldat de cette République, comme son oncle devint celui de la Révolution française.

» Ce rôle lui est désigné: il lui revient de droit. Songez à ce qui vient de se passer. Une Compagnie française entreprend une tranchée qui doit joindre deux Océans ; le contrat qu'elle a passé avec le souverain dont il faut traverser le pays, lui assure des avantages immenses, entr'autres, la toute propriété de vastes terrains. Le Sultan et le vice-roi d'Egypte s'aperçoivent qu'ils ont trop concédé ; qu'il peut en résulter d'immenses dangers ; que la Compagnie peut, un jour, parler en souveraine, en des lieux où elle n'a reçu que l'hospitalité. Quel a été l'arbitre entre les deux parties ? L'Empereur, dont la haute impartialité a su concilier tous les intérêts, de manière que la Compagnie soit dédommagée de ses travaux, et que l'Empire turc n'ait plus d'alarmes au sujet de sa puissance. Celui qui a rendu une telle décision se trouve, en cas d'une croisade contre vous, désigné d'avance pour en être le chef et le modérateur.

» A vous de prétendre que le voisinage de tant de puissances, assises sur la Méditerranée, a pu déterminer cette décision. A nous de répliquer que cette insinuation injurieuse contre laquelle nous protestons n'est pas même un argument en votre faveur. De ce que vous expliquez notre justice par la proximité de puissants juges, vous sembleriez conclure que votre éloignement vous donnerait, — et cela, de nos jours où les communications sont si rapides, — le droit et le pouvoir de mal faire. Détrompez-vous : la mer est une grande route qui nous conduirait chez vous promptement et sûrement. Rappelez-vous ce qui est advenu de la Russie : pour nous, vous êtes encore plus près qu'elle ne l'est.

» La Russie ! Ah ! vos sympathies pour ce pays, qu'elles soient réelles ou calculées, commencent à dessiller, sur votre compte, les yeux les moins clairvoyants et les plus fascinés.

» Du Mexique, de toutes les colonies espagnoles, anglaises et françaises existant dans le Nouveau-Monde, vous voulez faire une Pologne. Vous vous récriez ; soit, je vais m'expliquer. Si, comme la Russie, vous ne procédez point par de continuels massacres, votre manière, moins expéditive, dans la forme, plus détournée dans les moyens, n'en est pas moins sûre et impitoyable. La loi des majorités est devenue pour vous un moyen d'écrasement. Votre force d'agglomération est celle de l'anéantissement ; vos annexions sont des étouffements ; à l'égard des nationalités votre république agit comme le boa, elle les étreint contre son arbre de liberté, jusqu'à ce qu'elles aient perdu le sentiment d'elles mêmes; jusqu'à ce qu'elles aient rendu l'âme. Qu'avez vous fait de la race rouge? Vous l'avez en partie détruite, en partie parquée dans un territoire étroit. Qu'avez-vous fait de la race française dans le Missouri, dans l'Arkansas, dans la Louisiane? De la race espagnole dans la Floride, dans l'Alabama, dans le Texas, dans la Californie? Ces races eussent eu beau stipuler que leur langue serait celle de l'Etat, l'émigration eut, en donnant la majorité aux Yankees, donné le moyen de renverser cette loi libérale, parce qu'elle eût été, sans danger chez vous, décentralisatrice. Comme les Allemands de l'Ohio, qui furent sur le point d'adopter leur langue natale pour celle de l'Etat, j'eusse compris que l'anglais ne fut nécessaire que pour s'exprimer dans le Congrès. Il ne pouvait en être ainsi, il n'en sera jamais de même; car, votre toute-puissance, la centralisation, ne serait pas complète. Sur le seuil des temples que vous, vos puritains, vos observateurs de la loi du dimanche, n'ont point encore fermés, et aux abords de l'urne où vos *rowdies* armés imposent un vote foncièrement américain, le descendant de Français ou d'Espagnol entend grommeler à son oreille ce compliment civique : *Damned Franchman, damned Spaniard, damned Mexican.* Comme en Russie, il ne vous faut qu'une seule langue. Si, en France, on vous connaissait mieux, on apprécierait un peu moins vos prétentions à l'égard du Mexique, et un peu plus la résolution qui a été prise de constituer fortement sa nationalité sous un Empereur. Républicains depuis longtemps, vos compatriotes ne devraient point imiter les Cosaques.

» S'il n'eût dépendu que de la France, la Pologne existerait encore; plus le temps marche, plus l'Allemagne libérale ressent la pression des barbares et tourne ses regards vers notre pays. La mort d'un peuple héroïque est une leçon dont chaque peuple a tenu compte. Croyez-vous que votre position, au-delà de l'Ocean, puisse favoriser un attentat du même genre, sans que les nations comprennent combien le poids d'un mort retomberait sur leur tête, dans un avenir plus ou moins rapproché.

» Elles agiront, soyez-en sûr, et ne le feraient-elles pas, nous agirions seuls.

» Cependant, avant d'entrer en lutte, permettez-nous, pour peu que vous conserviez le souvenir de nos anciennes relations, de vous témoigner le même intérêt dont vous avez été assez bon pour faire preuve à notre égard. Tous nous avons été sensibles à la manière dont vous vous êtes exprimé au sujet des charges qui déjà pèsent sur notre budget, et des nouveaux sacrifices qu'une occupation prolongée pourrait nous imposer. Vous n'avez pas prononcé le mot de guerre; n'importe, nous y sommes toujours prêts. Vous avez jeté un regard dans notre bourse, nous ne plongerons point le nôtre dans la vôtre. Qu'il vous suffise de savoir que la France possède des ressources plus considérables que vous ne pensez. Je ne puis, ni ne veux vous en dire davantage; le moment venu de défendre une juste cause, l'Empereur et le peuple Français sauraient où les découvrir. Toutefois, comme nous sommes gens à écouter les bons conseils, nous vous renvoyons l'invitation d'être plus soucieux des deniers publics; votre dette est plus grosse que la nôtre, les intérêts en sont plus élevés, et sous peine de passer pour méditer quelque manœuvre peu délicate, même frauduleuse, vous devez vous montrer un peu moins confiant dans votre avenir financier.

» Tenez, en échange de l'avis amical, dont le souvenir m'est revenu, je vais essayer de trouver une solution amiable et aimable à la difficulté qui nous divise. La proposition que je vais vous faire satisfera à toutes les exigences de l'honneur, sinon à celles de votre intérêt démesuré.

» D'une part, nous resterons au Mexique aussi longtemps que nous le voudrons; d'autre part, vous reconnaîtrez l'Empereur Maximilien et l'Empire Mexicain, par cette raison toute naturelle que vous ne sauriez vous déshonorer en vous soumettant à l'arbitrage de toutes les nations.

» Combien il est fâcheux que vous ne soyez pas un peu plus près de nous! Une fois votre réponse obtenue après vingt-quatre heures de délibération, au bout de trente-six autres, nous connaîtrions celles de toutes les puissances intéressées. Dans trois jours au plus, malgré les distances, le télégraphe nous aurait dit à quoi chacun doit s'en tenir, si à la paix, si à la guerre.

» Il faut, quoi qu'on dise et quoi qu'on fasse, toujours en revenir, pour une chose ou pour une autre, à la grande idée d'un Congrès. En effet, s'il ne se trouve réuni dans telle ou telle ville, autour d'un tapis vert, il est évident, dans la pensée et dans la manière d'agir de chacun, qu'il existe, qu'il fonctionne, et que l'éclair électrique, plus prompt et aussi sûr que l'ancien courrier d'ambassade, en conduit rapidement les discussions.

» Dussé-je passer à vos yeux pour tenter d'exercer, sur

votre détermination, une véritable pression, je ne puis ne pas vous résumer en quelques mots la composition du tribunal des prud'hommes devant lesquels vous aurez à comparaître. Il n'est pas, sachez-le bien, dans les deux hémisphères une nation ayant une lieue de côte ouverte au commerce, pas une nation qui fasse battre, au grand mât d'un vaisseau, sa flamme de guerre, pas une qui ne réponde à notre appel, pas une dont le devoir et le droit ne soient, en défendant le Mexique, de défendre la liberté des mers. Ceci est rigoureusement vrai, depuis le cap Nord jusqu'au cap Saint-Vincent, depuis ce dernier jusqu'au détroit de Gallipoli, depuis l'isthme de Suez jusqu'à l'embouchure du fleuve Amour, et depuis le Rio-Grande jusqu'au Cap-Horn, sur l'une et l'autre côte de l'Amérique du Sud. Comme nous, vous vantez la liberté des mers, mais vous ne songez qu'à la confisquer à votre profit.

» Vous vous réjouissez de tous les troubles qui agitent et ruinent les républiques de l'Amérique du Sud; vous les encouragez à la guerre contre l'Espagne; mais le jour où elles seront éclairées sur votre compte, et où l'Espagne le sera sur ses véritables intérêts, l'accord se fera, grâce à de puissants médiateurs, et ces nations se réuniront contre votre tutelle onéreuse. L'honneur castillan se dédommagera d'une entreprise où il n'a rien à gagner, d'une guerre presque fratricide, en lançant ses flottes dans le golfe du Mexique, contre ceux qui convoitent l'île de Cuba. — Cette fois, sa cause sera noble et belle, ce sera celle d'une mère qui vole au secours de ses fils émancipés.

L'Empire du Brésil, à qui vous faites, de temps à autre, des gracieusetés, n'a point oublié celle dont vous l'avez gratifiée quand, dans l'un de ses ports, vous avez, malgré toutes les lois de la neutralité, volé, c'est le mot, un navire confédéré dormant au mouillage, sur la foi du droit des gens.

» En Europe, les peuples scandinaves qui ont conservé toute l'énergie des Northmen, la Prusse qui grandit comme puissance maritime, la Hollande qui l'est déjà, la Belgique qui tend à le devenir, l'Autriche qui, indépendamment de la voix du sang qui l'appelle, demande que la victoire rafraîchisse les souvenirs de Lépante, l'Italie, dont la flotte cuirassée est l'une des plus redoutables du monde, toutes ces puissances, dont quelques-unes ont déjà reconnu l'Empire du Mexique, demanderont à faire partie du grand conseil amphictyonique qui évoquera, contre vous, la question du droit des gens.

» Il n'est pas jusqu'à la Russie, à laquelle vous ne cessez d'adresser vos flatteries, qui ne se déclare contre vous. Par jalousie contre la France, par haine contre l'Angleterre, vous avez eu beau souhaiter ses triomphes et la perte des alliés, elle réfléchira à deux fois avant de vous accorder même son vote. Vous soutiendrait-elle de la voix, on passerait outre; et voulut-elle agir effectivement et sur terre et sur mer, on saurait s'opposer à deux ennemis au lieu d'un. D'ailleurs, le gouvernement russe, qui ne manque pas d'une certaine étendue dans le coup-d'œil, nourrit à votre égard une défiance latente. Il est comme tous ceux qui braquent leur lorgnette sur le champ de l'avenir, afin d'y prendre des dispositions pour l'attaque et pour la défense. Le Tzar, qui a l'œil sur le Pacifique, entrevoit le jour où vous le gêneriez de ce côté. Ne comptez donc pas trop sur lui ; mais en supposant qu'il se joignit à vous, il en surviendrait un cataclysme, dont le résultat serait..... quoi ? L'avenir est un mystère, mais pour sûr, le résultat serait contre vous et contre lui.

» Quant à la vieille Angleterre, dont vous menacez le Canada..... Mais à ce nom vous hochez la tête, et vous laissez échapper un charmant sourire.

» Répondons immédiatement à ce que vous ne dites point, mais à ce que je devine.

» Si l'Angleterre n'a point trouvé, dans l'arsenal de ses lois, ordonnances et coutumes, un simple article en vertu duquel le gouvernement de la Reine pût empêcher la construction et l'équipement des corsaires confédérés ; de votre côté, rien dans votre Constitution n'autorise l'exécutif à prévenir l'association des fenians ou à la dissiper par la force. Aujourd'hui, vous lui jetez sur les bras une affaire qui doit lui causer assez de soucis, pensez-vous, pour qu'elle puisse songer à quelque autre chose. Vous pouvez être dans l'erreur.

» J'admire votre habileté, mais sans y voir tout ce que vous en souhaitez tirer A une hostilité déguisée, vous répondez par une hostilité du même genre : tout est pour le mieux. J'irai jusqu'à convenir, quoique je sois assez esclavagiste et assez admirateur de votre ancienne Constitution, que l'Angleterre a eu tort de prêter aussi ouvertement ses arsenaux et ses ports à vos adversaires Mais, aujourd'hui, la question n'est plus là. A votre cause qui, relativement au Mexique, est souverainement injuste, à votre cause qui est celle de la violence et de la mauvaise foi, vous adjoignez une cause que je pourrais dire sainte. L'Irlande a trop souffert pour que je ne salue pas le drapeau de son indépendance. Mais pourquoi faut-il qu'il soit arboré par de braves gens dont vous fassiez les instruments de votre prépondérance ailleurs ? Pourquoi faut-il que la cause que vous soutenez en Europe soit le contre-pied de celle que vous voulez ruiner là-bas ? Pourquoi la résurrection d'une nationalité serait-elle comme le signal de la mort d'une autre, que dis-je, de la mort de tant d'autres ? Là où l'Irlandais ne voit que sa patrie à venger et à délivrer, vous suscitez l'occasion de saisir le Canada qui ne vous veut point, quoique vous en disiez, le Mexique qui ressuscite malgré vous, et l'Amérique qui a pendu votre Walker ?

» Entre les fenians et vous, il a été conclu un marché : ils vous donneront le Canada, vous les aiderez à faire revivre l'Irlande. C'est ainsi qu'une politique machiavélique abuse de l'amour de la patrie et des plus nobles sentiments dont il est la source. Les fenians ne réussiront point, parce que votre appui nuit à leur cause. Quelque légitime que soit l'intérêt qu'elle excite, cet intérêt n'est rien en comparaison de l'intérêt de tous les peuples, que vous sacrifierait l'inaction, l'annulation de l'Angleterre.

» L'Angleterre agira, premièrement par la force, et vous aurez sacrifié d'honnêtes gens; secondement par la conciliation, et quelques concessions, en achevant de ruiner les plans de la révolte et de votre politique, lui rendront toute sa liberté par ailleurs. Ceci fait, elle se retournera contre vous ; elle joindra son influence à celle de la France pour rendre plus unanime contre vous la décision des peuples, plus efficace contre vous la défense du droit, plus assurée contre votre ambition sans limites, et la liberté des deux Océans et l'existence indépendante de tous les autres Etats de l'Amérique.

» Vous souriez encore ! — Serait-ce donc par hasard que vous songeriez à nous faire jouer le rôle dont vous avez chargé ces braves fenians ? A condition que nous vous cédions le Mexique, c'est-à-dire le Nouveau-Monde, voudriez-vous nous offrir une alliance dont le but serait d'abaisser l'Angleterre en la divisant ? — Non, Monsieur Seward, votre habileté ne saurait s'élever jusqu'à la hauteur de notre honnêteté dédaigneuse. Notre ligne de conduite est invariablement tracée. Nous admirons les Irlandais, mais nous les combattrions, s'ils combattaient notre politique qui serait, en ce cas, celle de l'Angleterre. Nous les plaindrions ; mais, avant l'idée de leur nationalité, passe le principe de toutes les nationalités, celui que nous défendons au Mexique, celui que nous avons défendu ailleurs. L'Angleterre est nécessaire à la France, comme la France est nécessaire à l'Angleterre. Le monde a besoin de ces deux puissances.

» Renoncez donc à vos finesses.

» A l'appel de l'Angleterre et de la France, la voix des nations vous condamnera à reconnaître l'empire du Mexique ; et si votre imprudence allait jusqu'à une déclaration de guerre, la réunion de toutes les forces écraserait votre orgueil. — On verrait alors une chose qui paraît toujours étrange, quoique l'histoire en puisse fournir maints exemples, le drapeau de la liberté, celui de la sainte alliance des peuples, serait porté par la main des rois, à l'encontre d'une démocratie qui n'a que le nom d'une République sans en avoir les principes et les vertus.

« Dieu merci, nous n'en sommes pas encore rendus

à ce point. Après un mûr examen, vous réfléchirez qu'il vaut mieux panser vos plaies récentes, plutôt que de vous risquer encore dans une grande aventure. Exploitez vos mines, creusez des canaux, tracez des chemins de fer, cultivez vos champs à la vapeur, nettoyez vos fleuves, assainissez vos villes et vos marais, bâtissez des usines, livrez-vous en paix chez vous à tous les exercices guerriers ou philosophiques, religieux ou industriels, accouplez les blancs aux négresses, les nègres aux blanches, mais, pour Dieu, laissez donc les autres tranquilles chez eux, et ne cherchez pas à forcer les portes quand on vous les ferme au nez !

» Que l'émigration, ce trop-plein de l'Europe, ne cesse d'aborder dans nos ports : elle vous est utile en temps de paix ; elle pourrait nous être nuisible en temps de guerre, et les souverains de l'Europe seraient forcés de l'interdire comme contrebande de guerre. Ainsi, sans attendre la déclaration collective des puissances, sans essayer même de prendre une attitude menaçante, capable de provoquer peut-être la guerre individuellement de notre part, et dix jours après de la part de quelques voisins, exécutez-vous de bonne grâce : sous tous les rapports, ce sera plus honorable pour vous.

» Tout en espérant la décision suprême de votre gouvernement, nous resterons, mon cher Monsieur Seward, fort paisiblement au Mexique, je l'espère, nous occupant de nos petites affaires et prêtant un concours effectif à notre allié l'empereur Maximilien.

» En fait d'évacuation, j'aime à croire qu'elle n'aura lieu qu'autant que les Etats-Unis auront reconnu l'empire du

Mexique d'une manière toute solennelle...., qu'autant qu'ils auront apposé leur honorable signature à côté d'autres signatures qui ne sont pas moins respectables, au bas d'un traité qui neutralisera à jamais le territoire hispano-américain, depuis le Rio-Grande jusqu'à Panama, et depuis Panama jusqu'au cap Horn.

» Quant à l'équipée de Bagdad, dont nous ne sommes pas dupes, vous serez assez justes, nous l'espérons, pour punir comme déserteurs, comme bandits de grand chemin, ceux qui l'ont commise; assez équitables pour dédommager, autant que possible, par de l'argent, les familles dont les membres ont été massacrés et dont les propriétés ont été pillées.

» Votre empressement à nous accorder une aussi légitime satisfaction nous semblerait, du reste, une cause qui put nous faire dévier de notre ligne de conduite.

» Vous voyez, mon cher Monsieur Seward, que nous avons au cœur plus d'honnêteté que d'ambition : tâchez d'être comme nous. »

Après tant d'éloges prodigués aux Etats-Unis, soit dans des brochures, soit dans des livres, ce *factum* produira peut-être quelque scandale, n'importe. Il a été rapidement écrit, mais consciencieusement pensé. Je souhaite qu'il soit pour celui qui le parcourera une occasion non-seulement d'approfondir la question mexicaine, mais encore et surtout d'étudier le peuple des Etats-Unis dans ses mœurs, dans ses lois, dans ses tendances. Moralement, il n'est pas digne d'être grimpé sur le piédestal qu'on lui a taillé à loisir. Une autre République peut être plus grande que celle-là. Par quiconque étudiera, ce jugement, si nulle passion n'intervient, sera confirmé.

Donnons-nous, cependant, la satisfaction de répondre à quelques clameurs prévenues : — Me reprochera-t-on d'être esclavagiste ? Mais on le serait autant que moi, si l'on avait vécu au milieu des noirs; autant et plus que moi, si on tenait compte de la gradation observée dans l'échelle des existences et de la somme de travail à fournir par toutes les races.

— De n'être pas libéral ? J'ai été républicain ; je l'étais, quand j'abordai aux Etats-Unis, avant d'avoir assisté à la corruption, au désordre, à la vénalité, à la versatilité de l'agglomération du North-América, et je le serais encore, si je croyais à la possibilité d'une République qui marchât vers le progrès, sans Comité de salut public et qui ne mourût point d'une dictature subséquente.

—D'être un rétrograde ? Allons donc : celui qui croit à une solidarité raisonnée entre les hommes et les peuples, celui qui souhaite l'émancipation de l'intelligence par l'instruction, celle de la pensée par la science de la philosophie et la philosophie de la science, celle du travail, par l'association, celui qui applaudit à l'esprit de vie qui agite le chaos déjà lumineux des classes ouvrières, celui qui suit avec anxiété, jour par jour, le mouvement qui s'accomplit, parmi elles, à l'abri d'une main ferme mais bienveillante, celui qui compare ce qui se passe aujourd'hui sous l'Empire à la fondation des communes sous la royauté, formation embryonnaire de 89, celui qui entrevoit dans les temps futurs une révélation populaire encore plus complète que toutes celles qui ont précédé, celui-là est un progressiste s'il en fut jamais : et je suis cet homme-là. Mais, si par progressiste, on entend un homme de parti, un homme qui s'est fait l'homme de quelques autres hommes, je ne le suis plus, car j'ai vieilli, car j'accepte ce qui me semble le bien d'où qu'il vienne; car je réprouve ce qui me semble le mal, d'où qu'il se présente ; car j'ai appris à me consoler de mes fautes, de mes désillusions, de mes impatiences non satisfaites, en songeant que la Révolution, sombre génie qui hâte ou modère nos destinées, punit tôt ou tard l'erreur, la faute, le mauvais vouloir, tantôt chez le simple citoyen, tantôt chez le peuple et tantôt chez le souverain.

Enfin, quoiqu'on puisse dire, je me reconnais le mérite d'avoir dit la vérité sur l'Union américaine, et celui de ne pas répandre à plaisir, en face de graves complications, le découragement au sein de mon pays. Je ne veux pas être un citoyen de l'espèce de ceux qui, soit en simulant la peur des dépenses, soit en idolâtrant les Yankees, veulent, chose inouïe, semer la peur en France, mais qui demain, si le Mexique était abandonné, se récrieraient au nom de l'abandon de notre dignité. Je souhaite, comme bien d'autres, que, soit grâce à notre seule fermeté, soit grâce à l'intervention officieuse et effective de tous les peuples civilisés, il soit opposé une barrière sérieuse à l'insatiable rapacité de l'agglomération Yankee.

Je le dis haut et ferme, parce que je n'attends de l'étranger ni honneurs, ni cadeau, ni pour-boire.

La pureté de mes intentions patriotiques, le sentiment de l'intérêt général, notre respect profond pour le droit des gens, tout nous autorise à croire que le Pouvoir, et derrière lui, le Corps Législatif, tous deux également animés des mêmes pensées, concourront à régler d'une manière définitive et satisfaisante cette question d'une immense portée.

En douter serait un crime, non-seulement au point de vue de la loi, mais ce qui est peut-être pis encore, au point de vue de l'opinion : car tout Français tient, on le sait ici et ailleurs, à justifier ces paroles prononcées par un homme du premier Empire, par le général Foy : « Il y a de l'écho en France, quand on parle d'honneur ! »

Adolphe BIARNÈS.

Chantenay-sur-Loire, 24 Février 1866.

Nantes, imp. V. de Courmaceul, rue Santeuil, 8.

www.ingramcontent.com/pod-product-compliance
Ingram Content Group UK Ltd.
Pitfield, Milton Keynes, MK11 3LW, UK
UKHW021555260726
13993UKWH00002B/861

9 782329 066646